Become a beautiful body

3人子持ち、アラフォーでも
劇的に美しくなれる!

産後美姿勢ダイエット

絶対マネできる2週間プログラムつき

—

姿勢bodymakeトレーナー
erica

（ はじめに ）

姿勢を制する者が産後ダイエットを制する

はじめまして。InstagramやYouTubeで「アラフォーからの老けない身体づくり」をスローガンに美姿勢メソッドを発信しているericaです。現在37歳で、上から8歳、5歳、3歳の3人姉妹のママ。毎日子育てに奮闘しています。

3人の子どもを出産して、そのたびに体重は戻っても体形は戻らない、おまけにあまり気にならなかった上半身にまでお肉がついてきた……。34歳で3人目を産んだ後は、もう鏡を見るのが嫌になるくらい完全に体形が崩れていました。

このままだと体形だけでなく自分自身のことも嫌いになってしまう……。これではいけない！という思いから、ボディメイクを学び、そこから美姿勢メソッドにたどり着きました。産後の体形戻しは、食生活や運動も大切ですが、一番は日常の姿勢にあります。正しく体を動かし、日々の姿勢を整えることで私も1カ月くらいでウエストや太ももがサイズダウンしました。

本書では、そんな私の美姿勢メソッドを紹介しています。忙しい子育て中でもできる簡単なプログラムばかりなので、産後だからとあきらめなくても大丈夫！　無理せず、できることから始めて一緒に美姿勢を身につけていきましょう！

BEFORE

29歳 ⋯⋯▷ AFTER

37歳

1人目の出産後。下半身がどっしりしてしまい、顔もたるんで二重あごに。

3人目の出産から3年。姿勢改善により29歳の頃より若々しくなりました！

私もできたから！　みんなもきっとできるよ〜！

3人出産による
体形の変化の記録

私の産後体形戻しHISTORY

体形については学生時代にソフトボールをしていたせいか、下半身の太さに悩まされていました。短大を卒業し、幼稚園教諭として働いていたので、子どもを抱っこしたり、前屈みになる姿勢をよくしていましたね。20代で結婚し、29歳で1人目を妊娠、出産しましたが、そのときから体重は減っても下半身はどっしりしたままで、なんだか老けたような印象に。そうこうしているうち2人目に恵まれて32歳で出産して、それまで気にならなかった上半身も太り始めました。顔や二の腕がたるみ、お腹も凹み切らなくて完全に元の体形には戻らなくなりましたが、育児に追われていたので、そういう骨格なのかもとあきらめていました。

さらに34歳で3人目を出産。産後は別人のような体形になり、ほとんど服を買い直すことになってしまい、もう大ショック……。ただ、子育てに奮闘していたので、とりあえず、体形を隠す服装で過ごしていました。

29歳

第1子出産後

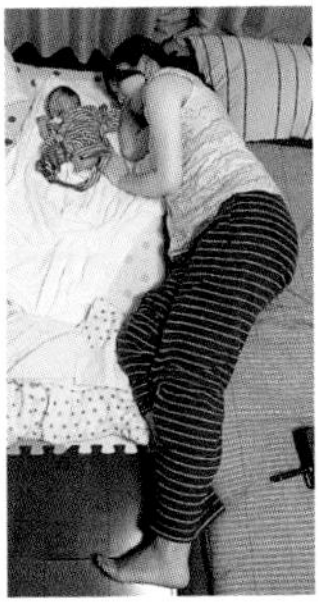

1人目出産直後は初めての育児に追われて、なかなか体形戻しまで気が回りませんでした。

32歳

第2子出産後

気にならなかった上半身にもお肉が……。二重あごや二の腕のたるみ、お腹も凹み切らない。

34歳

第3子出産後

完全に体形が崩れた頃。体形はどっしりしたままで顔もたるみ、年齢より老けて見えました。

高いエステに行かない＆ムリな食事制限はしない

その頃、ベビーヨガインストラクターの資格を取り、産後のママに教えていたので、みんな体形のことに悩んでいるのを知り、同じだなあと思ったんです。自分自身を変えたい、産後のママの力になりたいという思いから、思い切ってボディメイクについて学ぶことにしました。

そこで、姿勢を正すことがボディメイクにつながることがわかりました。まずは硬くなった筋肉を伸ばして、美姿勢をキープできるようにエクササイズ。次に反り腰だったのを、骨盤を安定させ、内ももの筋肉をしっかり使って立つことを意識すると、1カ月くらいでみるみるうちにウエストラインが細くなりました。美姿勢メソッドを続けていくうちに、すっきりしたボディラインになり、29歳のときより見た目も若々しく変わることができました！

今はこのメソッドを産後の体形戻しやアラフォーだからとあきらめている人にどんどん広めて、一緒にきれいになっていけたらと思っています。

1年後

痩せたけど下半身どっしり！

ボディメイクの勉強を開始。痩せたのですが、下半身は変わらず。

姿勢改善にたどり着いた！

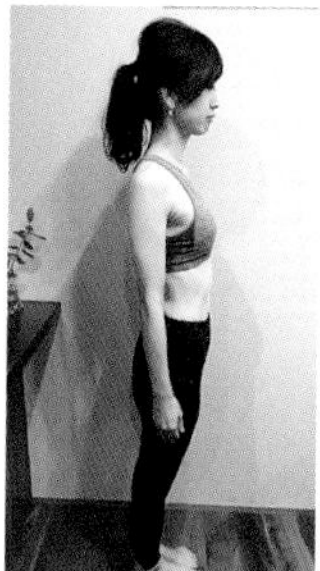

反り腰であること、股関節が内旋していることに気がつきました。

1カ月後

効果が出始めた！

姿勢を意識して過ごすようにして、ダラダラした生活も改めました。

現在

スタイルをキープ

すっきりしたボディラインをキープ。ウエストインも決まるように！

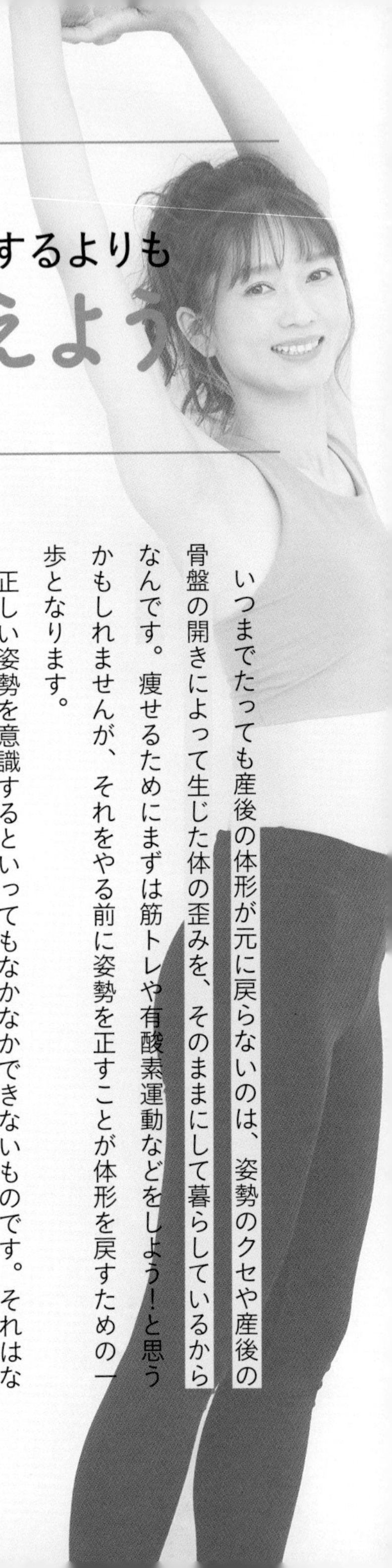

筋トレよりも食事を我慢するよりも
まず姿勢を変えよう

いつまでたっても産後の体形が元に戻らないのは、姿勢のクセや産後の骨盤の開きによって生じた体の歪みを、そのままにして暮らしているからなんです。痩せるためにまずは筋トレや有酸素運動などをしよう！と思うかもしれませんが、それをやる前に姿勢を正すことが体形を戻すための一歩となります。

正しい姿勢を意識するといってもなかなかできないものです。それはなぜか？　姿勢を正すための筋肉が使われていないからです。例えば、意識しないと使われにくい裏ももや背中の筋肉が硬いと可動域が狭くなり、筋肉は動きづらくなります。まずは硬くなって縮こまった筋肉をほぐして伸ばすことが大切です。その上で姿勢を保てるように筋肉を動かすことで、正しい姿勢が自然ととれるようになります。体形を元に戻そうと、スーパーに行った帰りにがんばってひと駅分歩いても、姿勢が悪いままだと、前ももばかり使ってしまい、かえって足が太くなってしまう、なんてことも……。まずは正しい姿勢ができる体作りが大切になります。

私の美姿勢メソッドは、ただ、姿勢を意識するだけでなく、体に正しい姿勢を覚え込ませることを重視しています。どんなトレーニングより姿勢改善をすることが理想のボディラインになる近道なのです。

＼ 産後でも子育てしながらでもできる! ／

美姿勢メソッド

忙しい子育て中や産後でもできるのが美姿勢メソッドです。
1つのプログラムは1分、組み合わせて行っても
トータル10 ～ 12分前後でできます。
家事の合間や子どもが寝た後などもトライしやすいです！

メソッドの流れ

CHECK!

1. 自分の姿勢をチェックしてみる

壁などを使って、自分の姿勢をチェックしてみましょう。

STRETCH!

2. 硬くて縮こまった箇所をストレッチする

使っていないところや、使いすぎて硬くなり縮こまった筋肉を、ストレッチして伸ばしていきます。伸ばすことで筋肉やその周りが動かしやすくなります。

EXERCISE!

3. エクササイズで動かして、体の使い方を染み込ませる

ほぐれた箇所は、可動域が広くなり動かしやすくなります。エクササイズで本来あるべき状態になるように動かします。

KEEP!

4. 正しい姿勢をキープできる

姿勢チェックで猫背の人は肩を開く、反り腰の人はお腹をしっかり使うなど自分の姿勢のクセについて重点的に気をつけるようにしましょう。

／ 美姿勢メソッドはココがポイント! ／

- ☑ 1つのプログラムが1分ほど
- ☑ いろいろ組み合わせても10 ～ 12分くらいで完結
- ☑ 料理をしながら、寝かしつけをしながらできる「ながらプログラム」

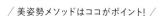

＼ 知っておきたい！ ／

美姿勢メソッドで動かしたい筋肉・部位

本書で登場する筋肉や骨の位置を確認しておきましょう。
美姿勢メソッドでは、普段使われにくい部位や縮こまりがちな
筋肉を伸ばしてエクササイズします。どこにあるか
意識して行うことで、引き締め効果が期待できます。

背中側

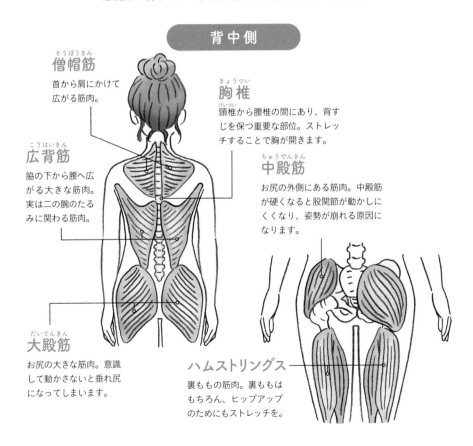

僧帽筋《そうぼうきん》

首から肩にかけて広がる筋肉。

胸椎《きょうつい》

頸椎《けいつい》から腰椎の間にあり、背すじを保つ重要な部位。ストレッチすることで胸が開きます。

広背筋《こうはいきん》

脇の下から腰へ広がる大きな筋肉。実は二の腕のたるみに関わる筋肉。

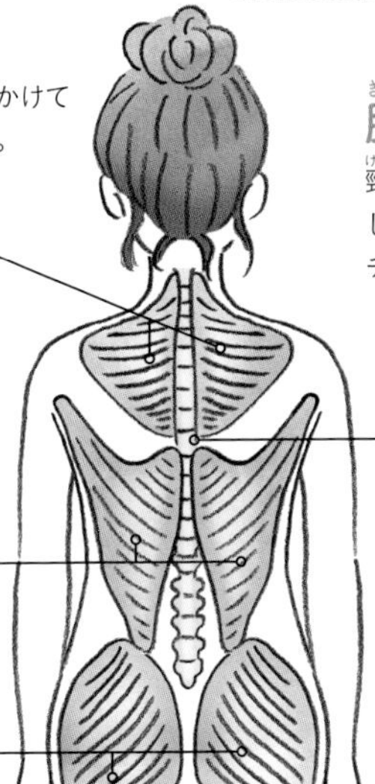

中殿筋《ちゅうでんきん》

お尻の外側にある筋肉。中殿筋が硬くなると股関節が動かしにくくなり、姿勢が崩れる原因になります。

大殿筋《だいでんきん》

お尻の大きな筋肉。意識して動かさないと垂れ尻になってしまいます。

ハムストリングス

裏ももの筋肉。裏ももはもちろん、ヒップアップのためにもストレッチを。

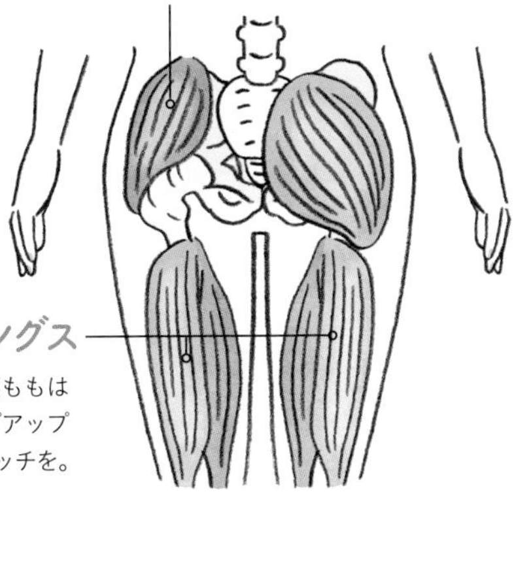

前側

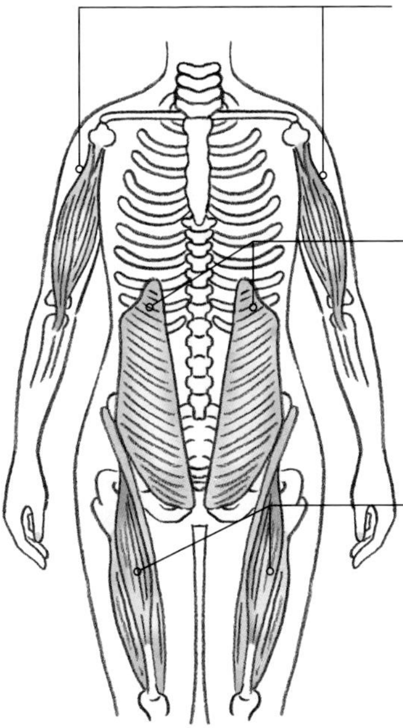

上腕二頭筋《じょうわんにとうきん》

腕の前側から内側についている筋肉。抱っこや重い荷物を持つことで硬く縮まりやすい筋肉です。緩めて伸ばしましょう。

腹斜筋《ふくしゃきん》

お腹の横にある筋肉。ウエストのくびれを作るために積極的に動かしたい筋肉です。

大腿四頭筋《だいたいしとうきん》

太ももの前側の筋肉。使いすぎやすく張りやすいです。

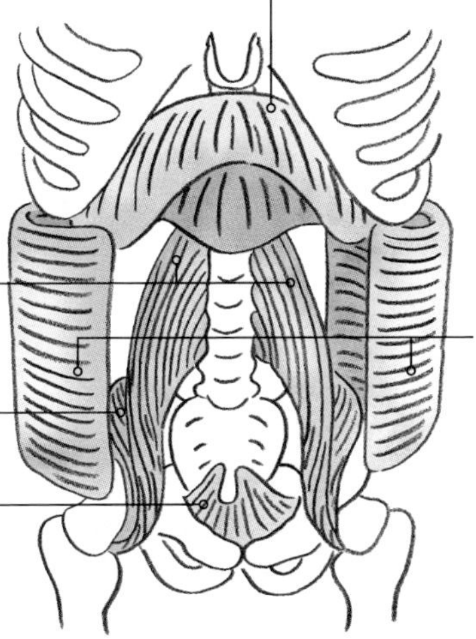

横隔膜《おうかくまく》

肋骨の下部を囲むように付着。ウエストのくびれや下腹ぽっこりを解消。

腸腰筋《ちょうようきん》

上半身と下半身をつなぐインナーマッスル。座る姿勢が多い人は縮こまりがちになります。

骨盤底筋《こつばんていきん》

骨盤の底にあり、内臓、子宮などを支えている筋肉。ここが緩むと下腹ぽっこりや尿漏れの原因になります。

腹横筋《ふくおうきん》

腹筋のインナーマッスル。横隔膜を動かすと腹横筋にも刺激を与えることができます。

産後のママは
骨盤の歪みを整える

私も3人出産して、体重が減っても体形が戻らなかったのは、骨盤が開いたままだったことも要因の1つだと思います。

骨盤は出産後3～4カ月かけて元に戻ると言われていますが、妊娠期間中の筋力の低下や骨盤を支える骨盤底筋の緩み、内ももの筋肉の衰えなどが原因で、骨盤が正常な位置に戻りにくくなり、骨盤の傾きやねじれが生じます。

骨盤は体の中心に位置し、土台となる部位です。その骨盤が広がり、歪みが生じると正しい姿勢が保てなくなり、ウエストのくびれがなく、下半身がどっしりした、いわゆる産後太り体形になってしまうのです。

また、産後に限らず、姿勢が悪いせいで骨盤が歪んだ場合も下半身に脂肪がつきやすくなる要因に。骨盤が後傾していると猫背になりぽっこりお腹に、骨盤が前傾していると反り腰になりお尻が出て、太ももが張ってしまいます。骨盤の傾きも体形崩れの原因になっているのです。

このように骨盤は姿勢に大きく関わるため、今の状態をP.26でチェックし、歪みをなくすように正しい姿勢を心がけることが重要なのです。

妊娠前と妊娠中・産後の骨盤の違い

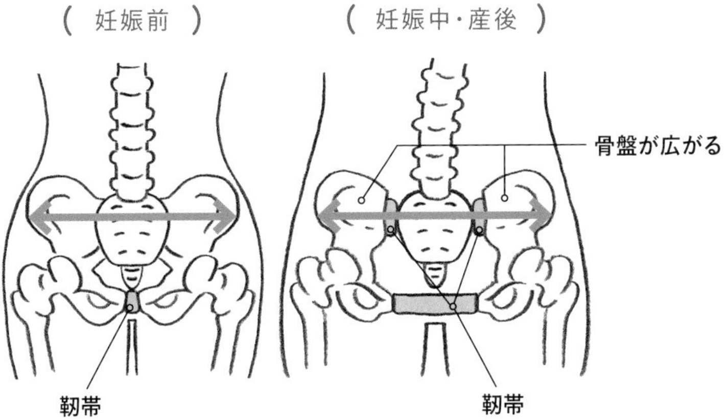
(妊娠前)
(妊娠中・産後)
骨盤が広がる
靭帯
靭帯

骨盤の歪みによる、体形の崩れ

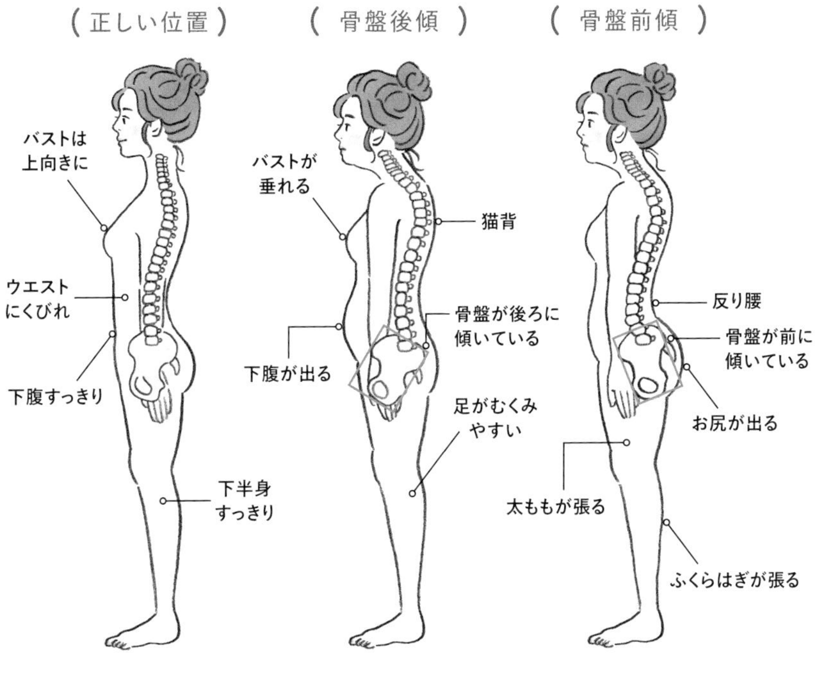
(正しい位置)
(骨盤後傾)
(骨盤前傾)
バストは
上向きに
ウエスト
にくびれ
下腹すっきり
下半身
すっきり
バストが
垂れる
猫背
骨盤が後ろに
傾いている
下腹が出る
足がむくみ
やすい
反り腰
骨盤が前に
傾いている
お尻が出る
太ももが張る
ふくらはぎが張る

BEFORE ···▷ AFTER 体験談

Instagramのフォロワーさんから「私もやってみてこんなに変わった！」と嬉しいご報告をたくさんいただきました。「産後の体形戻しに効果があった！」「お尻の位置が上がった」など実際の体験談を大公開します！

ちーやんさん（27歳）

産後4カ月からスタート

5カ月 −5kg

BEFORE ··········▷ AFTER

2月17月　6月10月　7月4月

産後なので骨盤周りが太いまま……

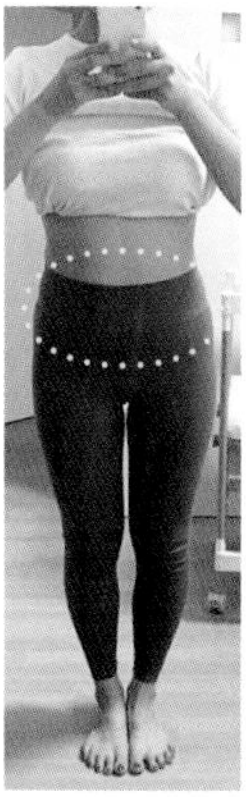

サイズダウンしてきました！

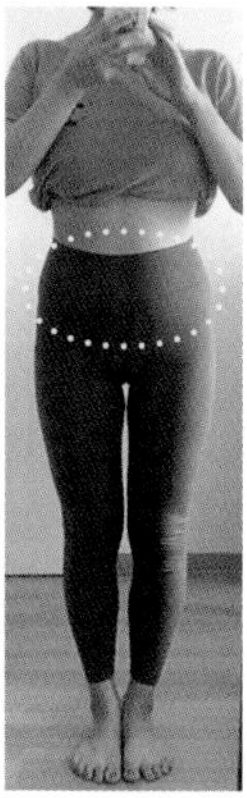

骨盤周りも下腹もすっきり！

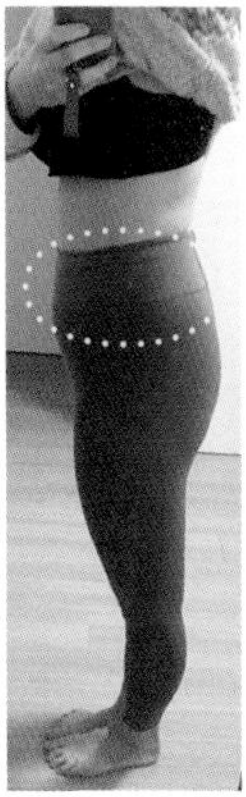

サイドから見てもお腹がぽっこり

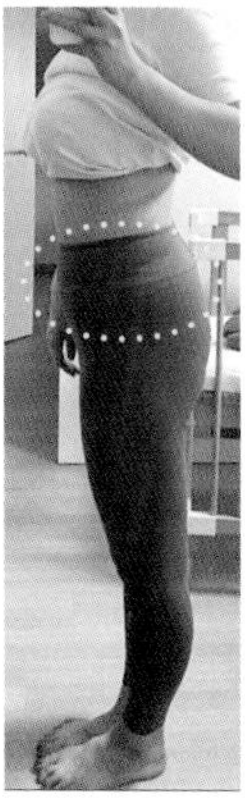

お尻のラインが上がった！

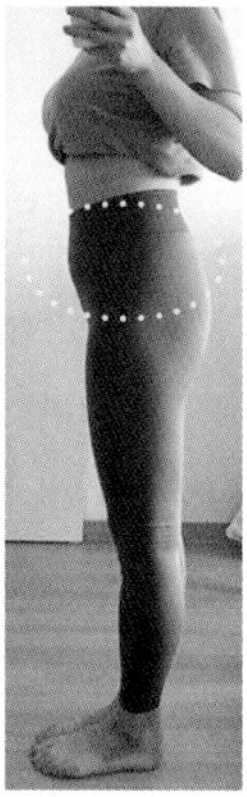

足のラインもほっそり！

erica's advice

姿勢改善の効果が出ています

「5カ月続けてみました。妊娠前よりも痩せて足がすごく変わりました。もう少し続けようと思います！」

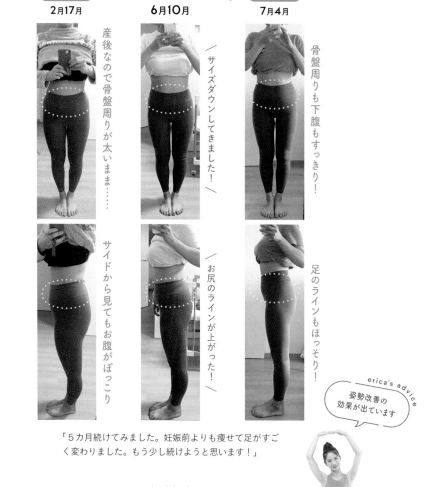

私も姿勢改善メソッドで
こんなに変わりました！

フォロワーさんの

あおいママさん（37歳）

BEFORE
5月20日

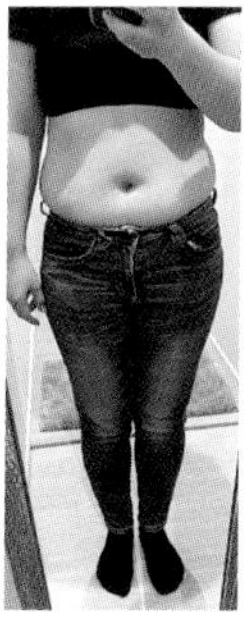

1週間
体重変化なし
お腹周りがサイズダウン！

AFTER
5月27日

「ウエストがサイズダウンし、骨盤、太ももの横張りがスッキリ！　足のラインがまっすぐになってふくらはぎも細くなりました」

373775さん（40歳）

BEFORE
5月18日

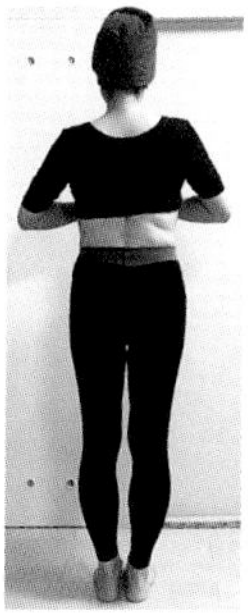

9日間
−2kg
お尻の位置が上がり足が長く見える！

AFTER
5月27日

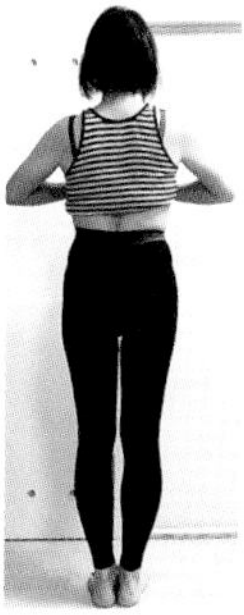

「外側にかかっていた重心をバランスよくかけられるようになりました。ふくらはぎの外張りが解消されてきて、足のラインがきれいに」

4mamaすーさん（37歳）

BEFORE
6月5日

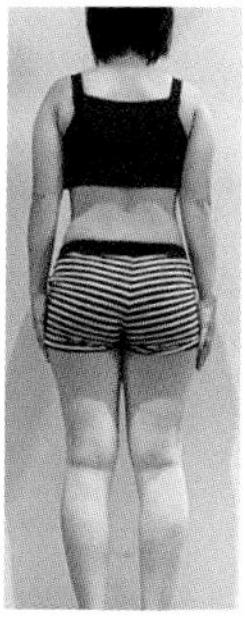

1週間
−1kg
骨盤の周りがすっきり！

AFTER
6月12日

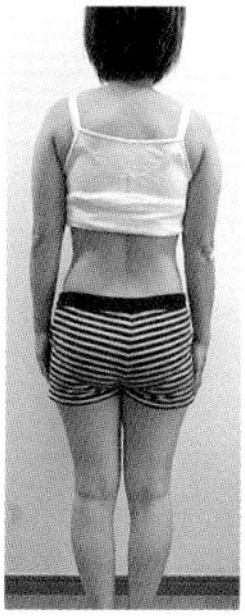

「太もも -3cm、ふくらはぎ -1cm、足首 -1.5cmと確実に下半身のサイズに変化が。骨盤周りが引き締まって横ももの張りがスッキリ」

産後2カ月からスタート

ぶるまさん（28歳）

BEFORE
5月15日

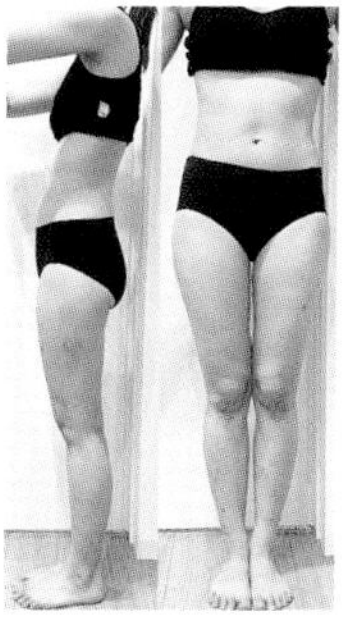

2週間
体重変化なし
足のラインがきれいに！

AFTER
5月29日

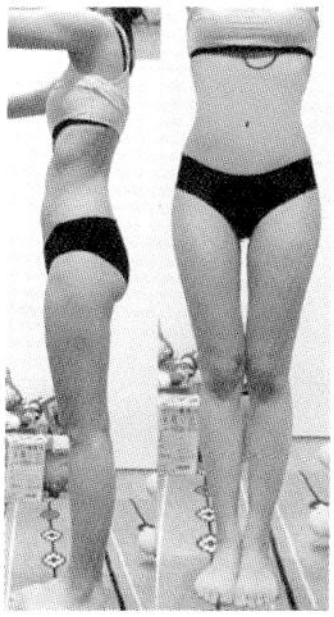

「体重の変化はないですが、肋骨が締まりきれいなくびれが出現！　股関節のねじれが改善されてきて骨盤周り、太ももスッキリ」

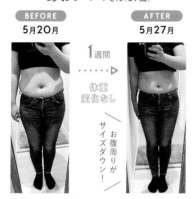

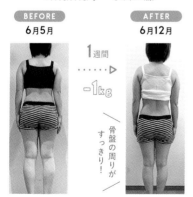

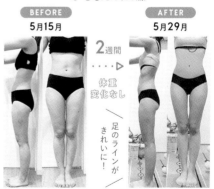

CONTENTS

STAFF

アートディレクション：
松浦周作（mashroom design）

ブックデザイン：
青山奈津美、田口ひかり、
神尾瑠璃子、藤野礼美
（mashroom design）

撮影：
長谷川梓（カバー、ロケ撮影）
後藤利江（プロセスカット）

イラスト：
山中玲奈

ヘアメイク：
千葉智子（ロッセット）

編集協力：
百田なつき

校正：麦秋アートセンター

DTP／東京カラーフォト・プロセス

この本の使い方

／　HOW TO USE THIS BOOK　／

本書では、美姿勢メソッドを「2週間　美姿勢プログラム」
「ながらストレッチ&エクササイズ」「部分痩せプログラム」の3つのプログラムに
分けて紹介しています。時間や回数の目安、効いている部位、
動きのアドバイスなども明記しているので、参考にしながらストレッチしましょう！

STEP 2 | 2週間！美姿勢プログラム

まずは2週間の美姿勢
プログラムで体の
歪みを改善しましょう！

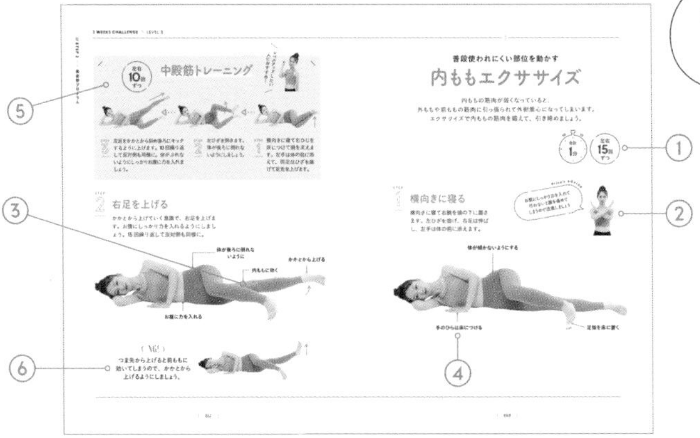

STEP 3 | ながらストレッチ&エクササイズ

① ストレッチやエクササイズにかかる時間や回数の目安

② ワンポイントアドバイス

③ 効いている部位

④ 動きに関する注意点

⑤ 生理中、便秘などお悩みシーン別やレベルアップしたい人向けのエクササイズを紹介

⑥ ありがちな動きのNG例

STEP2でエクササイズ
しつつ、STEP3のながら
ストレッチ&エクササイズも
取り入れるとより効果的！

時間に余裕のある人や
さらに効果を出したい人
向けのプログラムです

STEP 4 | 部分痩せプログラム

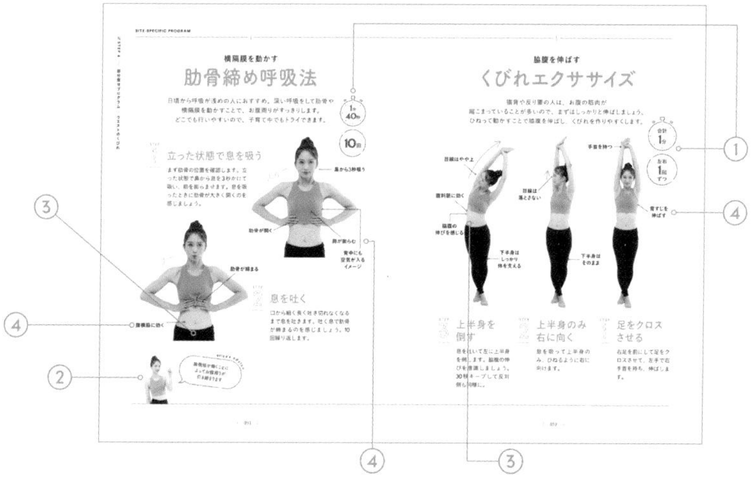

お役立ち！　フォームローラー・ボールの使い方

フォームローラーやボールを使うことでストレッチ効果がアップします。
むくみ、冷え性の改善、疲れを感じたときにおすすめです。

（　ボール　）

ピンポイントで効かせたいところにおすすめ。

① ほぐしたい箇所に
ボールを当てます

② 仰向けになり、
ボールを前後に動かします

（　フォームローラー　）

横ももや前ももをほぐすのにおすすめ！

① フォームローラーは
骨に当たらないように
セットします

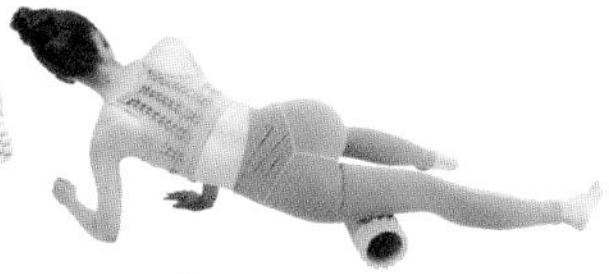

② ローラーに体の一部を
のせて転がします

【 注意事項 】
・美姿勢メソッドを行っている最中に痛みを感じたり、体に異変を感じたりした場合はすぐに中止してください。
・ながらストレッチやエクササイズは、お子さんの状況や様子を最優先にして、危険を感じたら中止してください。
・体調がすぐれない方、慢性的な痛みがある方、妊娠中の方は医師と相談の上、無理のない範囲で行いましょう。

STEP 1

反り腰や猫背になっていない?

姿勢をチェックしてみよう!

ストレッチやエクササイズを行う前に、自分の姿勢を
チェックしてみましょう。日常生活や子どものお世話の中で
何気なく行っている体勢が姿勢を歪めている場合が多いんです。

姿勢チェックのポイント

1. NGな姿勢をしていないか?

子育て中にありがちなNGな姿勢をチェック。キッチンのシンクにもたれたり、子どもを抱っこしたりしていると、つい反り腰になりがちです。

2. 正しい立ち姿勢をチェック

きちんと立っているつもりでも、実は首が前に出ていたり、猫背になっていたりします。壁などを使って、正しく立てているかチェックしましょう。

3. 歩き方、座り方の姿勢をチェック

座っているときに、猫背になっていたり、あごが前に出ていたりすると顔のたるみの原因になることも!　歩いている姿も姿勢が悪いと老けて見えてしまいます。

4. 産後のママは骨盤の歪みをチェック

産後はどうしても骨盤が開いた状態になり、きちんとケアしないと歪んでしまうことも。骨盤の歪みがあるかを確認しましょう。

痩せない、産後の体形が元に戻らないのは
姿勢のせいだった!

ダイエットしているのにお腹がぽっこりしたまま、産後なかなか体形が元に戻らない……ということはありませんか？ 私も、実はそうでした。ダイエットをがんばっても、お腹や二の腕、たるんだお尻が悩みでした。

でもある日、ストレッチやエクササイズの勉強をしている最中に、体形が戻らないのは日常生活や子どもの世話で何気なくしている姿勢の悪いクセに原因があるということがわかりました。例えば、ベビーカーを押したり、おむつを替えたりするときは前傾姿勢になり、猫背になりがち。また、腰は妊娠中から重いお腹を体が支えようとして後ろに反った状態になります。産後になってもその悪い姿勢で赤ちゃんを抱っこして、さらに反り腰になり、腰痛の原因にさえもなっていたのです。

これらの悪い姿勢によって、正しい姿勢を維持するための筋肉が使われにくくなって、硬くなり動かしづらくなります。すると、その上に脂肪がつき、太くなってしまいます。また、見た目も、背中や肩が丸まって老けた印象に。さらに骨盤の歪みや開きにより、下半身が太くなってしまう要因にもなります。

どんなにダイエットしても悪い姿勢のクセを改善しないと、産後の体形はなかなか元には戻らないのです。

＼ 日常生活、子育て中に ／

こんな姿勢で立っていない？

なんとなく楽だから、ついいつものクセでと、悪い姿勢になっていませんか？
日常生活でありがちなNG姿勢を紹介します！

姿勢1 シンクに寄りかかって反り腰

背中が丸まっている
下腹がぽっこり
お尻が垂れている

楽だからとシンクに寄りかかっていると、腰が反ってしまい、お腹が出たり、お尻が垂れたりしてしまう原因に。

姿勢2 赤ちゃんの抱っこで骨盤後傾（スウェイバック）

巻き肩
猫背になりやすい
お腹が出る
骨盤の歪み

骨盤が後傾している状態です。肩が丸くなり、猫背になりやすいです。また、下腹がぽっこりしやすいです。

姿勢3 洗濯物を畳んでいるときについ猫背に！

背中が丸まっている
あごが出ている
バストが下がる

家事や子どもの世話をするときは意外に前傾した姿勢でいることが多いです。背中が丸まり、バストも下がってしまいます。

姿勢4 スマホを見ていてストレートネックに

ストレートネック
顔がたるむ
下腹ぽっこり

目線が下になりやすく、ストレートネックになったり、背中が丸まっていたりして見た目が老けた印象に。

正しい立ち姿勢をキープすることで、ボディラインが整う

悪い姿勢がクセになってしまうと、筋肉が正しく使われず硬くなってしまいます。

そうなると関節の可動域が狭まり、動かしにくくなることによって、体形の崩れや痛み、こりの原因にもなります。まずは正しい姿勢を体に覚えさせることが大切です。

そのためにも今の自分の姿勢を左のページを参考にチェックしてみましょう。立ち姿勢は、耳、肩、大転子、ひざのお皿の裏、くるぶしの位置が一直線になっているのが美姿勢の状態です。この立ち姿勢をキープするのは、やってみるとけっこうつらい人が多いかもしれません。そんな人は、正しく立っているつもりでも、実は背中が丸まってお腹が出ている猫背や、お尻が突き出してしまう反り腰などになっていませんか？

まずは姿勢の悪いクセを見つけて、立っているときはどこを重点的に意識すればいいか、左ページでチェックしてみましょう。

正しい立ち姿勢を意識してキープできるようになれば、ボディラインは自然と整ってきます。

立ち姿勢のチェックポイント

壁などを使ってやってみましょう！　壁とかかとを2cm程度空けて立ち、
壁と腰の間が手のひら1枚～1.5枚分のすき間が空いているのが理想です。

(NG!)

反り腰

骨盤が前傾して、腰が反ってしまっている状態。太ももが張りやすい原因に。

猫背

背中が丸まった状態。巻き肩になりやすく、老けた印象に見える。

骨盤後傾

骨盤が後傾して下腹が出やすい状態に。

(OK!)

正面

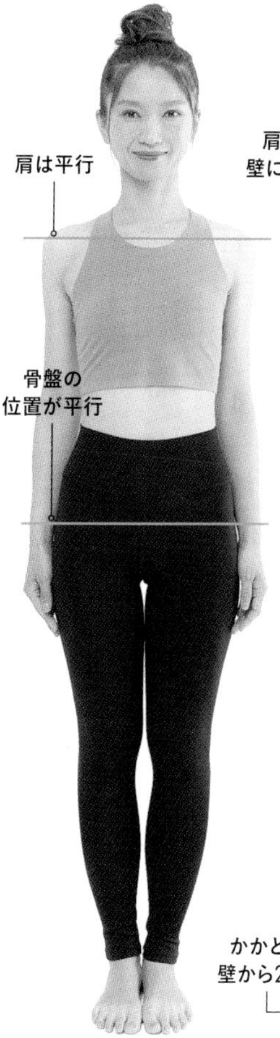
肩は平行
骨盤の
位置が平行

サイド

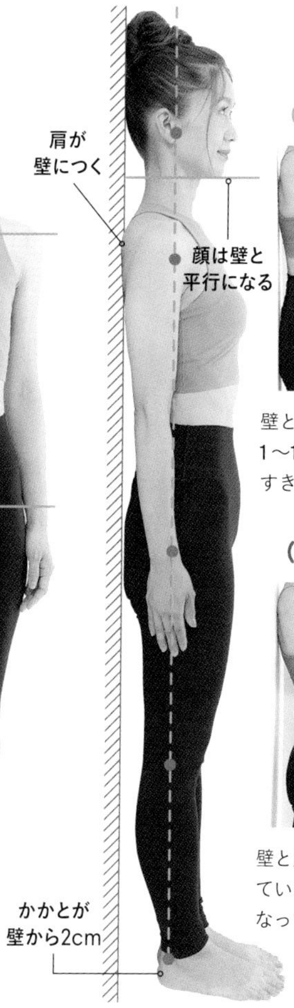
肩が
壁につく
顔は壁と
平行になる
かかとが
壁から2cm

耳、肩、大転子（太ももの骨の一部で横に張り出している骨の部分）、ひざのお皿の裏、くるぶしの位置が一直線になっている。

(OK!)

壁と腰が手のひら1～1.5枚くらいのすき間ができる。

(NG!)

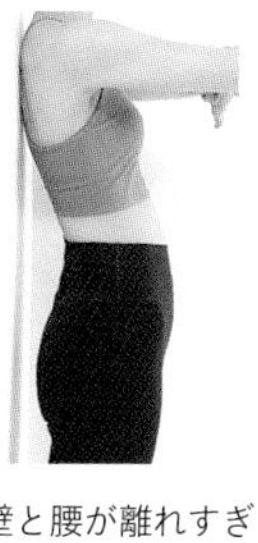

壁と腰が離れすぎていると反り腰になっている。

何気ない日常生活の姿勢が悪いと、どんどん老けてしまう

立ち姿勢をチェックしたら、今度は歩き方や座り方をチェックしてみましょう。ママは荷物も多いし、家事や子どもの世話でそこまで気にしていられない！ と思う人も多いですよね。でも、少し意識するだけで、どんなトレーニングやダイエットよりも続けやすく効果があります。

歩くとき、多くの人が足だけに頼っていたり、先に上半身が前に出てしまったりして猫背ぎみになりますが、骨盤を正面で固定するようなイメージで歩くことで、自然と体が引き上がり、姿勢がよくなります。座るときも同様に、ダラッと背にもたれて猫背になっていたのを、骨盤を立て、あごを引くと、体のラインが整い、顔のたるみも改善されます。ちょっとしたことですが、姿勢を意識することが老けない体作りの秘訣なのです。

また、産後は特にP．10で解説した通り、骨盤の状態が姿勢に大きく影響します。骨盤が歪んでいると、下半身太りの原因になるので、産後太りからなかなか脱出できない人は自分の骨盤の状態をP．26でチェックしましょう。

歩き方をチェック

上半身の力が抜けて下半身に過剰に負担がかかっていたり、内股やガニ股になっていないか確認しましょう。正しい歩き方ができていれば、毎日エクササイズしているようなものです。

(NG!)

あごが出ている
前屈みに
背中が
丸まっている
つま先に重心がかかる

あごが出ていたり、前屈みになっていたりするとつま先に重心がかかり、ふくらはぎが太くなる原因に。

(OK!)

後頭部と背中の
ラインを合わせる
耳と肩の
位置を合わせる
ひざは正面に
つま先は正面に

上半身を上に引き上げて、骨盤を正面で固定するようなイメージで歩く。骨盤は左右に振らないように。

座り方をチェック

楽だからと背中を丸めて座っていたりしませんか？
骨盤が倒れていると猫背になり、下腹ぽっこりの原因にもなります。食事時など座るときは気をつけましょう。

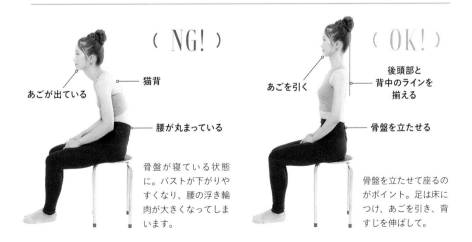

(NG!)

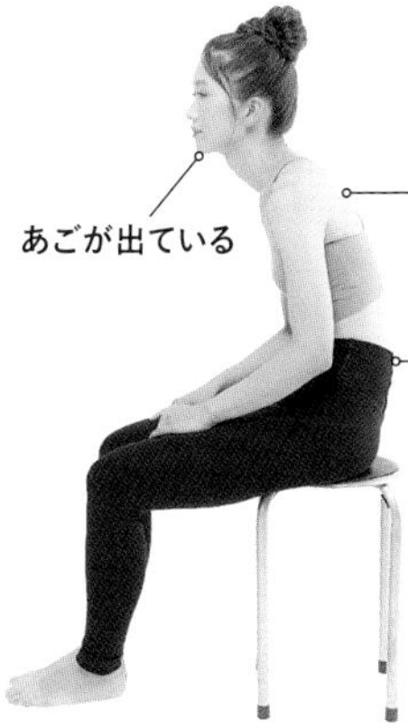
あごが出ている
猫背
腰が丸まっている

骨盤が寝ている状態に。バストが下がりやすくなり、腰の浮き輪肉が大きくなってしまいます。

(OK!)

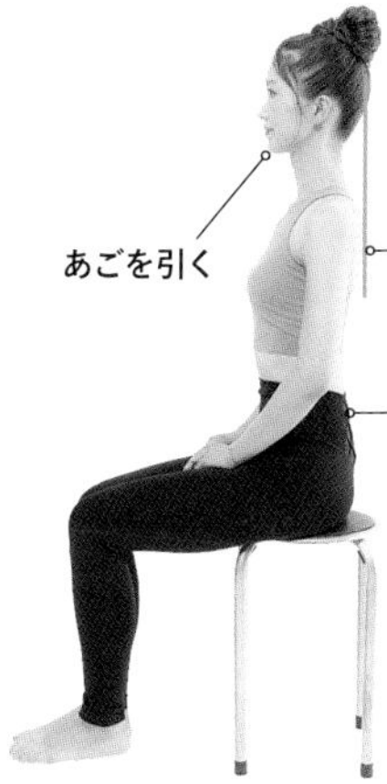
あごを引く
後頭部と
背中のラインを
揃える
骨盤を立たせる

骨盤を立たせて座るのがポイント。足は床につけ、あごを引き、背すじを伸ばして。

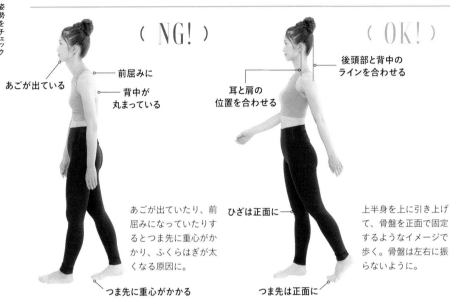

骨盤の歪みがわかる 5つのセルフチェック

産後のママは必見！

自分でできる骨盤の歪みをチェックする方法を紹介します。
1～5からいくつか試して、歪みはあるか、
あるとしたらどのように歪んでいるのかをチェック。

CHECK 1 骨盤の傾きをチェック

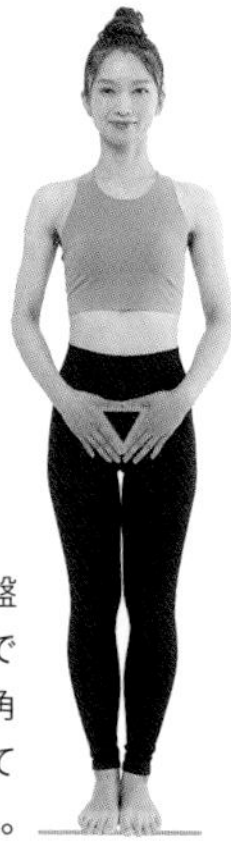

左右の出っ張った骨盤の骨と恥骨をつないで三角形を作ります。三角形が床と垂直になっているか確認しましょう。

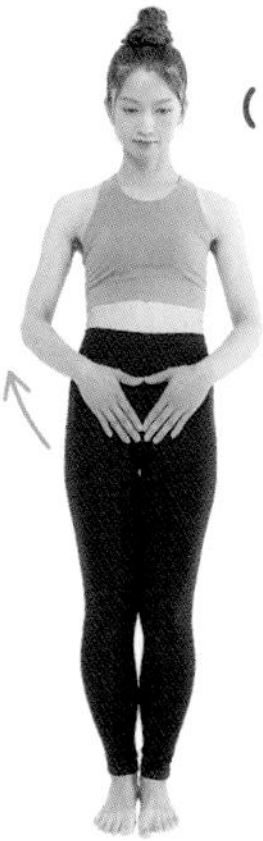

(NG!)

三角形が後ろに傾いていると骨盤後傾

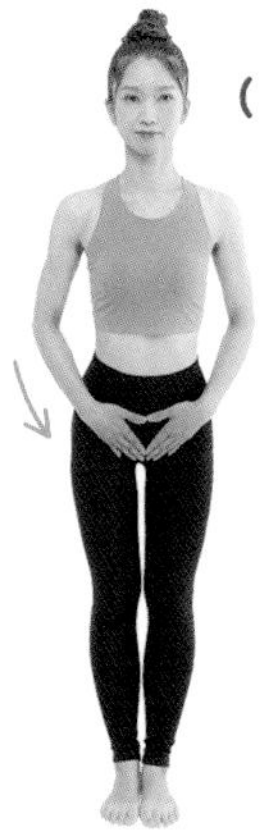

(NG!)

三角形が前に傾いていると骨盤前傾

CHECK 2 ひざでチェック

足を拳1つ分開きます。屈伸を何回かしてみて、ひざがぶつからないかチェックします。

(NG!)

ひざが内側にぶつかる場合は、骨盤が前傾している人が多いです。

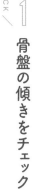

CHECK 3 肩の高さでチェック

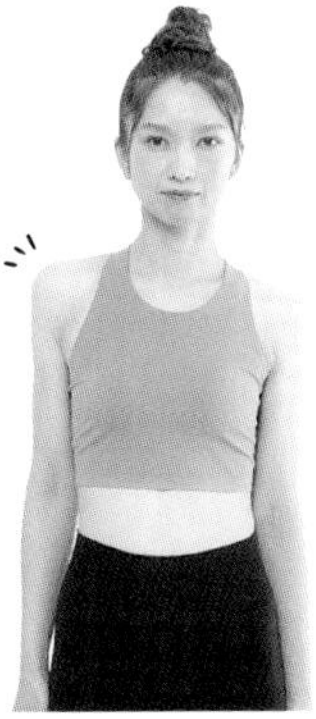

(NG!)

片側が上がっていると骨盤が歪んでいる可能性があります。

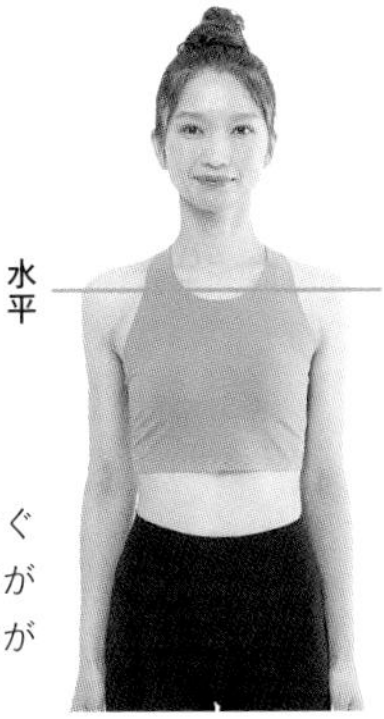

鏡に向かってまっすぐ立ちます。肩の高さが水平になっているのが理想です。

CHECK 4 足先でチェック

(NG!)

つま先が外に向く

骨盤後傾の人に多い

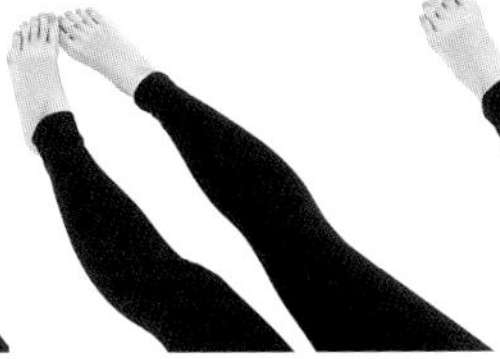

(NG!)

つま先が内側に向く

骨盤前傾の人に多い

仰向けになり、足の力を抜いて動かします。止めてみて、足先が左右対称になるかチェック。つま先がやや外向きが理想。

CHECK 5 股関節でチェック

(NG!)

つま先が斜めに向く

(NG!)

どちらかのひざが上がる

ひざが上がっているほうの股関節が硬くなっている

足の裏を合わせた状態で座ります。足を広げられるところまで広げます。ひざの高さが左右対称になるかチェック。

erica's advice

硬くなっているほうを少しだけ長くストレッチをして左右のバランスを整えましょう

姿勢の悪いクセや骨盤の歪みがチェックできたら、次ページから2週間の美姿勢プログラムにトライしましょう！

STEP 2

子育て中でも無理せずできる!

2週間 美姿勢プログラム

STEP1で今の姿勢を確認したら、さっそく美姿勢プログラムに
挑戦を！　2週間で、固まった筋肉をほぐして、
正しい姿勢をキープできるようにストレッチやエクササイズをしましょう。

3つのタームに分けて、姿勢を改善

2週間を3つの期間に分けてやることで、少しずつ体がほぐれて、姿勢がよくなり体も引き締まります。
毎日10〜12分くらいでできるので、家事や子育ての合間にトライしてみてください！

1 WEEK
LEVEL 1+2

1日＝12分15秒×4日間

LEVEL 1。『全身ゆるっと伸ばし』プログラム

まずははじめの4日間で、普段の生活で縮んでしまいがちな部位をしっかり伸ばします。
時間がない人は、すねや足首、太ももなど下半身だけでもストレッチを。

1日＝9分10秒×5日間

LEVEL 2。『下半身太りにアプローチ』プログラム

体が伸びてきたのを感じたら、次の5日間では、姿勢の歪みによって脂肪がつきやすい
下半身を中心にケアします。特に股関節が硬い人はしっかりストレッチしましょう。

2 WEEK
LEVEL 2+3

1日＝9分20秒×5日間

LEVEL 3。『全身ボディメイク』プログラム

最後の5日間で全身の姿勢を整えて、美ボディを目指します。背中やお腹、お尻の筋肉を動かして、
体が正しい姿勢を覚えれば自然と美しい姿勢をキープできるようになります。

LEVEL 1

最初の4日間はカチコチに硬まった体を気持ちよくほぐしましょう！

『全身ゆるっと伸ばし』プログラム

使いすぎて疲れていたり、悪い姿勢のせいで硬くなっていたりする足首、すね、ひざ下、太ももを中心にストレッチ。下半身から順番にほぐしていきましょう。

／ プログラムのポイント ／

☑ 姿勢の土台となる足元から伸ばしていく

女性は特にヒールや先の細い靴を履くことで、歩き姿勢が崩れ、足首やひざ下のねじれや歪みの原因に。まずはすねや足首から歪みを改善して、姿勢の土台を作れるようにします。

☑ エクササイズの前にしっかり体をほぐす

日常生活であまり動かさない背中や裏ももなどをストレッチすることで、ほぐれて可動域が広がり、体を動かしやすくなります。

ヒールなどを履くことが歪みの原因になっていることも……

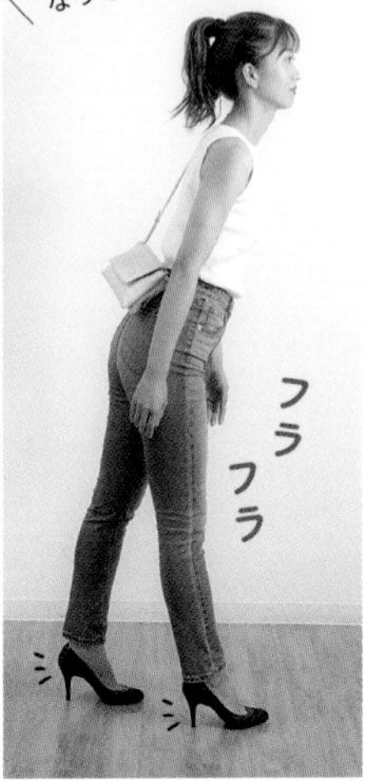

／ 伸ばすところはココ ／

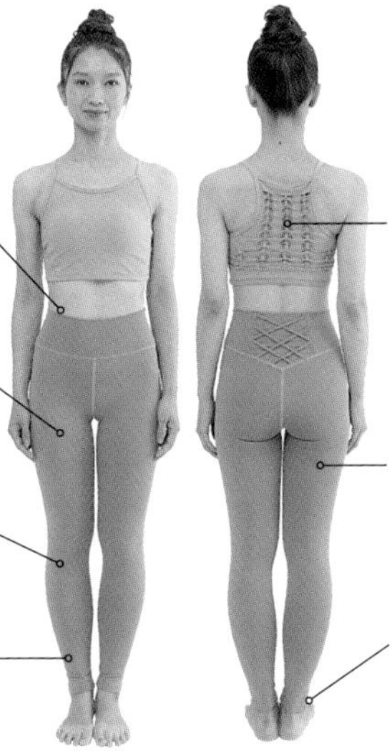

腰周り
腰周りの筋肉が硬くなると、ぽっこりお腹や反り腰の原因に。

前もも
太ももが太い人は前ももが張っていることが多い。

ひざ下
反り腰やO脚の原因にもなりやすい。

すね
張りやすく、硬くなってしまいがち。

背中
広背筋などの大きな筋肉。うまく使えていないことが多い。

裏もも
普段あまり使われないため、硬くなりがち。

足首
足首が硬いとむくみの原因に。

普段ケアしていない箇所から伸ばす

すねストレッチ

ふくらはぎをケアする人は多いのですが、前側のすねはケアを怠りがち。
浮き指や足裏の筋肉が硬い人は、すねが張りやすく疲れも溜まりやすいので、
しっかり伸ばしましょう。

合計 2分

左右 1回ずつ

背すじは
まっすぐ

STEP 1 左足を伸ばして座る

右足のひざを曲げて、左足を伸ばして座ります。両手は左足の太もも辺りに添えます。

STEP 2 左足のほうに前屈してすねを伸ばす

左足のつま先を伸ばして、左足のほうに前屈します。両手はつま先に添えるようにして、すねを伸ばしましょう。1分キープしたら反対側も同様に。

あごを引く
すねが伸びて
いるのを意識する
ひざからつま先が
まっすぐになる

体が硬い人は

つま先まで手が届かない人は、ひざ下辺りまででOK。無理をせず、できる範囲で伸ばしましょう！

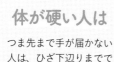

むくみの解消にもおすすめ

足首ストレッチ

しゃがむ姿勢がつらい人は、足首が硬いことが多いんです。
また、足首が硬いと歩くたびに太ももが張りやすくなります。
足首をしっかり伸ばして柔軟性を取り戻しましょう。

35秒　10回

STEP 1 両足を伸ばして座る

手は体の横に添えて、体を支えつつ、両足を伸ばした状態で座ります。

骨盤を立たせる
足指は立たせる
床に手をつく

STEP 2 足指を伸ばす

足首を動かして足指を伸ばします。

足指はまっすぐ

STEP 3 足首を上に向ける

かかとを押し出すように足指を上に向けます。10回繰り返します。

足指を反らし
すぎないように
お腹に力を入れた
状態をキープ
ふくらはぎが伸びることで
足首の可能域が広がる

産後の姿勢を足から正す

ひざ下ねじれ改善エクササイズ

足の太さで悩む多くの女性は、股関節が内側にねじれて、
ひざから下は外側にねじれていることが多く、ふくらはぎの外側が
張りがち。エクササイズでひざ下のねじれを改善しましょう。

合計 1分

左右 10回 ずつ

かかとは
床につける

STEP

1 左ひざを軽く立てて座る

左ひざを軽く立てて、右足はひざを倒して床につけて座ります。左のかかとは床につけた状態に。両手で左のひざ上をつかみます。

STEP

2 左のひざ下を内側に動かす

左足の親指に力を入れて、ひざ下を内側に動かします。10 回繰り返して、反対側も同様に。

ひざ下を
動かす
足首だけで
動かさない
ひざ下に
効く

erica's advice

ひざ下が外側を向いてしまうと、足が太くなるのでこれを機会に改善しましょう

使いすぎて張りがちになる

前ももストレッチ

反り腰の人は前ももに負担がかかり、張った状態になっていることが多いです。
LEVEL 1では、まず前ももをストレッチして筋肉を緩めることで、
動かしやすくします。

合計 2分

左右 1回ずつ

erica's advice

体が硬い人には難しいストレッチなので、初心者バージョンでチャレンジしてみて！

目線はやや
前を向く

STEP 1

四つ這いになる

肩の下に手首、足の付け根の下にひざを置くようにします。

初心者はこれでもOK!

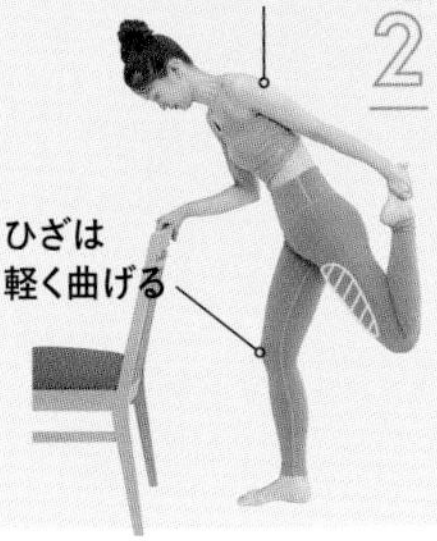
背中を軽く丸める
ひざは
軽く曲げる

STEP 2

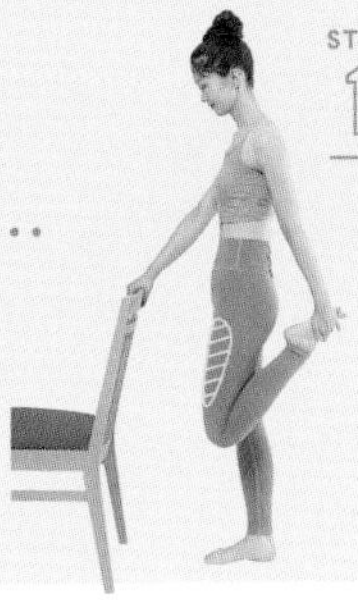

STEP 1

椅子の背もたれに右手を置き、立ちます。左ひざを曲げて、左手で左足の甲をつかみます。そのまま体を前に倒して、前ももを伸ばします。

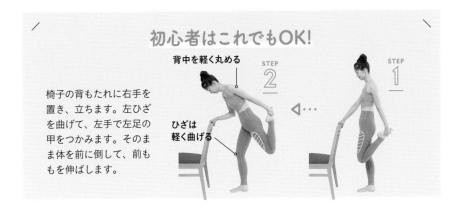

STEP 2

右足を右手の外側に置く

ひざの真下にかかとがくるように、右足を右手の外側に置きます。

背中が丸まらないように

STEP 3

左手で左足の甲を持つ

右手でバランスをとりながら、左手で左足の甲を持って体のほうに引き寄せます。前ももが伸びているのを意識しましょう。1分キープしたら反対側も同様に。

頭はやや上に向ける
前ももに効く
右手で体重を支える
手の位置はバランスのとりやすい位置に調節してOK

こんなときにおすすめ！

むくみが気になる日①

〈 フォームローラーで前ももをほぐす 〉

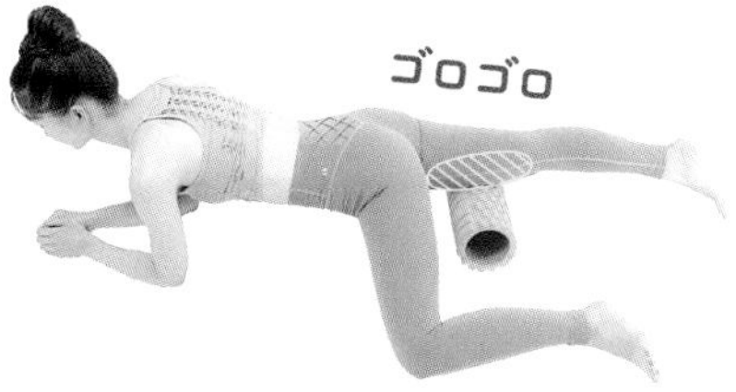
ゴロゴロ

四つ這いの状態から、両ひじを床につき、右足の前ももをローラーにのせて前後に転がします。反対側も同様に。硬くなった前ももがほぐれて血流がよくなり、むくみの解消になります。合計1分を目安に。

お尻が垂れるのを防止する

裏ももストレッチ

立ち姿勢のとき、裏ももは体を支えるため緊張状態になり、縮んで硬くなりやすい部位です。硬くなってしまうとお尻が引っ張られて垂れやすくなるのでしっかり緩めましょう。

合計 2分

左右 1回ずつ

STEP

1 姿勢よく立つ

背すじを伸ばして、手を後ろに組んで立ちます。

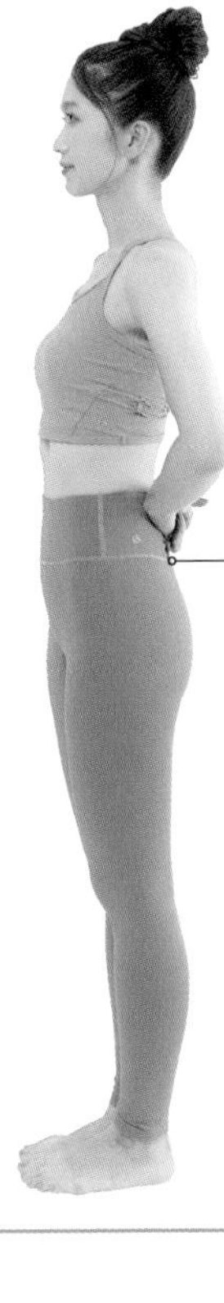

反り腰にならない
ように注意

STEP

2 右足を前に出す

背すじを伸ばしたまま、右足を前に出します。

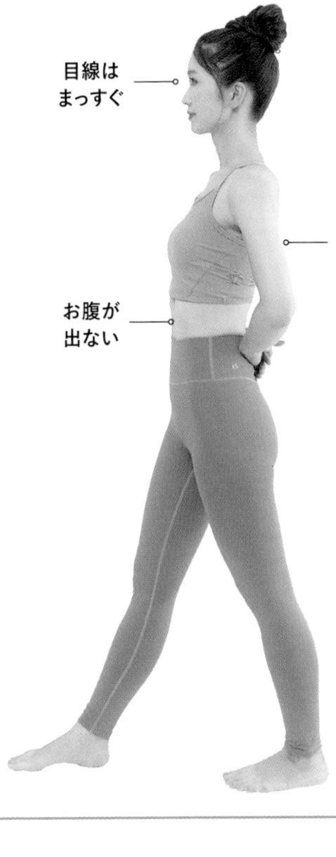

目線は
まっすぐ
背すじは
キープ
お腹が
出ない

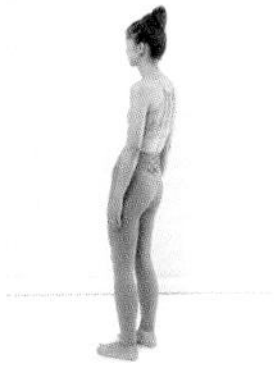

裏ももが硬いと こんな姿勢になりがち！

無意識でこんな姿勢になっていませんか？　裏ももが硬いとお尻が垂れてしまい、下半身がどっしり体形になる原因に。

erica's advice

簡単なストレッチなので、子どものお昼寝タイムにもできますよ！ ヒップアップにつながります

STEP 3

体を倒す

体を90度に曲げます。裏ももがしっかり伸びているのを意識しましょう。1分キープしたら反対側も同様に。

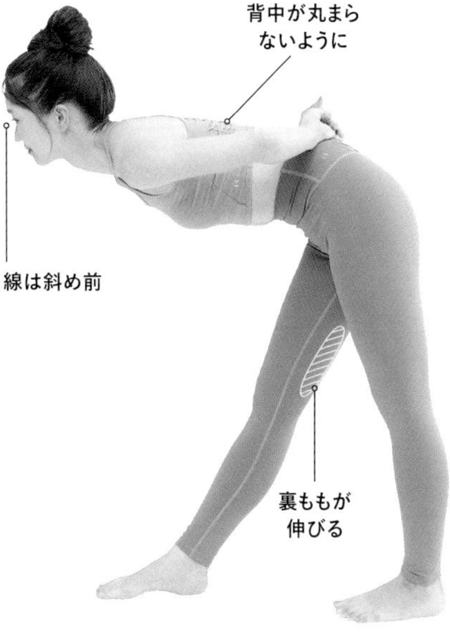
背中が丸まらないように
目線は斜め前
裏ももが伸びる

こんなときにおすすめ！

むくみが気になる日②

〈フォームローラーで横ももをほぐす〉

左ひじを床につき、左足の横ももをローラーにのせて上下に転がします。硬くなりやすい横ももが気持ちよくほぐせます。反対側も同様に合計1分を目安にほぐして。

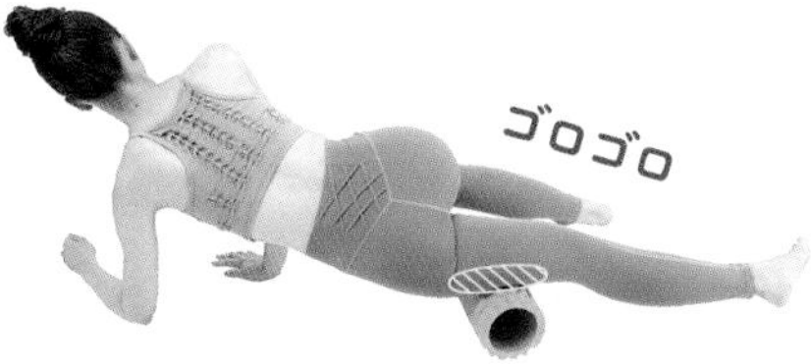
ゴロゴロ

背中の筋肉を緩めて可動域をアップ

背中ストレッチ

普段、使われにくい背中にアプローチ。背中には広背筋や僧帽筋など大きな筋肉があり、硬くなると猫背の原因になってしまうので、ストレッチでしっかり伸ばしましょう。

合計 2分

左右 1回 ずつ

STEP

1 両ひざを立てて座る

両ひざを立てて、両手で軽くひざを抱え、座ります。

STEP

2 右手で左足をつかむ

右手で左足の足裏をつかみ、床と平行になるように上げます。

足は床と平行になるように
左手で体を支える

こんなときに
おすすめ！

便秘気味の日①

〈 フォームローラーでお腹をほぐす 〉

STEP 2
ゴロ
STEP 1

ローラーを縦にして、恥骨に当たらないようにお腹をのせて、左右に転がします。優しくほぐす意識で行いましょう。30秒を目安に。

STEP 3 上半身を倒す

左ひざに頭を傾けるように上半身を倒します。背中が伸びて上半身が緩みます。1分キープしたら反対側も同様に。

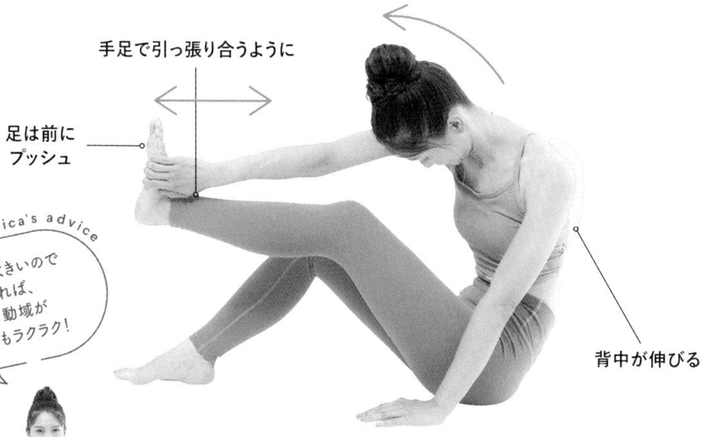
手足で引っ張り合うように
足は前に
プッシュ
背中が伸びる

erica's advice

背中の筋肉は大きいので
ここを緩めれば、
上半身の可動域が
アップし、家事もラクラク！

反り腰改善におすすめ!

腰周りエクササイズ

背中を丸めて、伸ばしていく動作を通じて、腰周りの筋肉を緩めることができます。
硬くなりがちな背骨を動かすと同時にお腹の筋肉を鍛えることができる
一石二鳥のエクササイズです。

1分40秒　10回

STEP 1

四つ這いになる

肩の下に手首、足の付け根の下にひざを置くようにします。

STEP 2

お腹を丸める

息を吐きながらお腹を丸めます。おへそを見るように意識しましょう。

背中がアーチを描く
お腹を引き込む

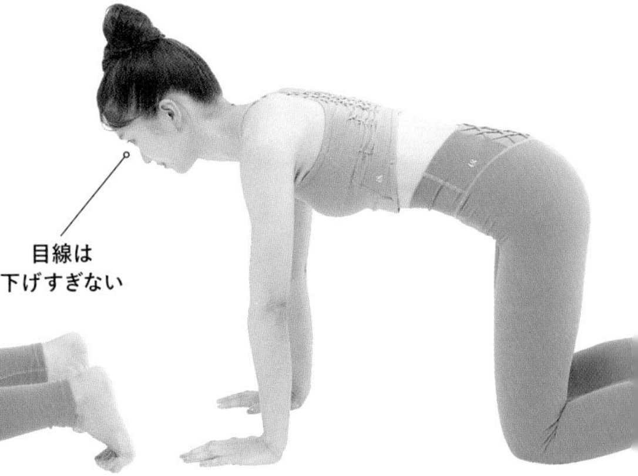
目線は下げすぎない

こんなときに
おすすめ！

生理中でつらい日①
〈 骨盤回し 〉

STEP 3
STEP 2
STEP 1

四つ這いになり、息を吸って吐きながらお尻を右から円を描くように後ろに回します。10回繰り返して、左からも同様に。腰周りの血行を改善してくれます。1～2分くらいを目安に。

STEP 3 お尻を引く

息を吸いながら、背中を伸ばします。首を伸ばして胸を開くようにしましょう。10回繰り返します。

背中を伸ばす
腰が伸びる
スゥー

erica's advice

反り腰や腰痛の緩和にもなりますよ!

猫背改善に取り入れたい!

背中エクササイズ

丸まった背中を伸ばして、肩周りを開きます。
繰り返していると肩が自然と開くようになって、胸を張りやすくなり、
猫背の改善につながります。背中が丸まらないように注意。

1分
5秒キープ × 10回

STEP 1

あぐらをかく

あぐらをかき、胸の前で腕を組みます。あぐらがつらい人は椅子に座って行ってもOKです。

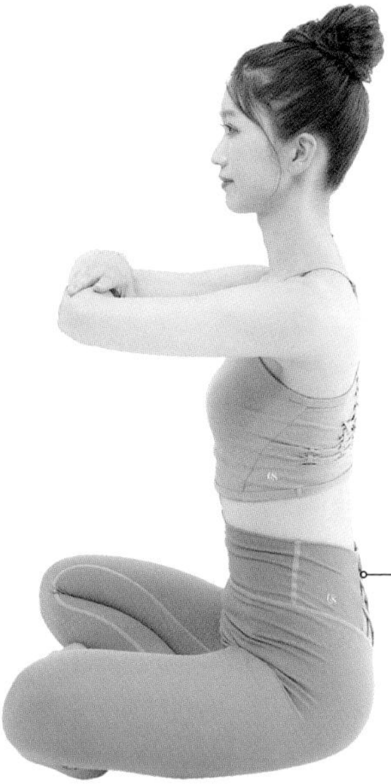

骨盤を
立たせる

STEP 2

上体を倒す

背すじを伸ばして上半身を少し前屈みの状態にします。

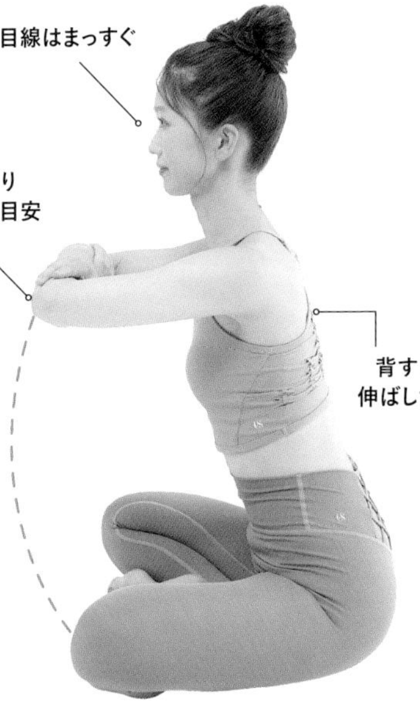

目線はまっすぐ
腕がひざより
前に出るのが目安
背すじは
伸ばしたまま

こんなときにおすすめ！

便秘気味の日②

〈 腸もみマッサージ 〉

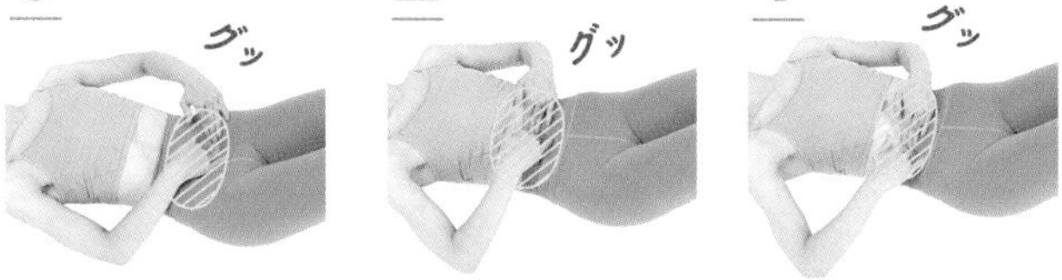
STEP 3
STEP 2
STEP 1
グッ
グッ
グッ

仰向けになり、右の骨盤の内側、右の肋骨の下、おへその上、左の肋骨の下、左の骨盤の内側と右回りに押します。腸に優しく刺激を与え、動きを活性化できます。30秒を目安に。

STEP 3 両腕を頭の後ろに上げる

息を吸って吐きながら、両腕を頭の後ろに上げて、5秒キープを10回行います。背中が伸び、胸を開く意識で行って。

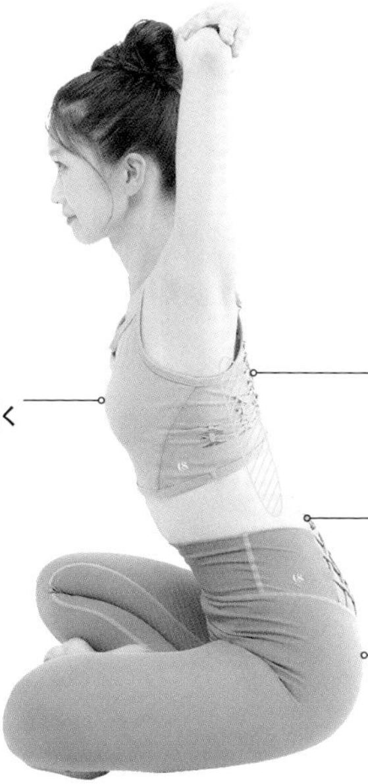
胸をしっかり開く
背中は丸まらずしっかり伸びる
腰は反りすぎない
お尻は引いたまま

erica's advice

洗濯物を畳むときなど家事の合間に行って、猫背を改善しましょう！

LEVEL 2

実は姿勢改善で一番結果が出やすい部位

『下半身太りにアプローチ』プログラム

筋トレだけではなかなか細くなりにくいのが下半身です。特に骨盤や股関節が本来の働きをしていないと、硬くなり、その上に脂肪がつきやすくなります。ほぐし&引き締めで改善しましょう。

／ プログラムのポイント ／

☑ 呼吸法で垂れた内臓を引き上げる

ぽっこりお腹は、内臓を支えているインナーマッスルがうまく働いていない場合が多いんです。腹式呼吸をすることで、インナーマッスルを鍛えて内臓を引き上げます。

☑ 股関節のストレッチやエクササイズで歪みを改善

体重を支え、立つ、座る、歩くなどの動作に大きく関わる股関節が硬いと、下半身が太くなりやすくなります。また、股関節が内旋している人が多いので外旋させるエクササイズで歪みを改善します。

姿勢が悪いとどっしりした下半身になってしまう

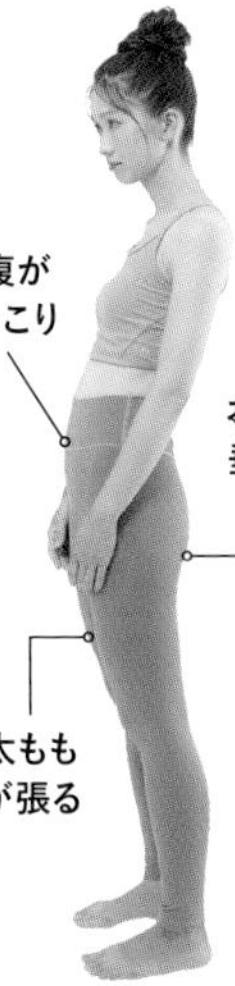

／ ストレッチ&エクササイズするところはココ ／

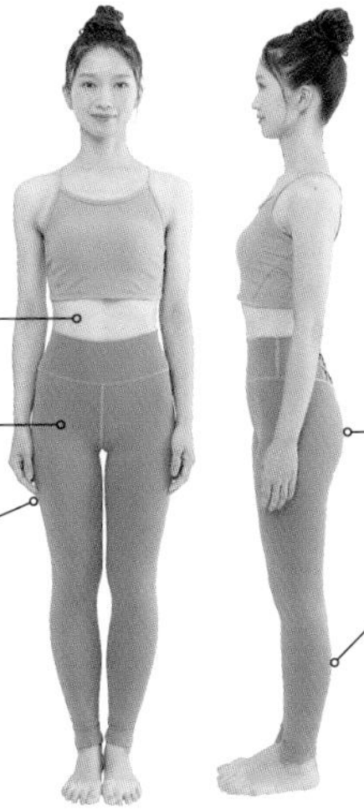

横隔膜
胴体の真ん中にあり、深い呼吸をするとよく働く。

股関節
運動不足や加齢によって硬くなりがち。

横もも
骨盤の歪みによって、股関節が内旋し、張りやすくなる。

お尻
産後で骨盤が開いた状態だと、お尻が垂れてしまう。

ふくらはぎ
ほぐしてむくみを解消。

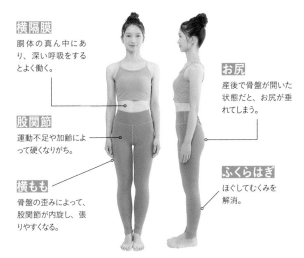

腹式呼吸をして内臓を引き上げやすくする

下腹撃退呼吸法

ダイエットしているのに、下腹がすっきりしていない人におすすめ。
インナーマッスルの骨盤底筋が緩み、内臓が下垂しやすく
なっているので呼吸法で引き上げましょう。

2分　10回

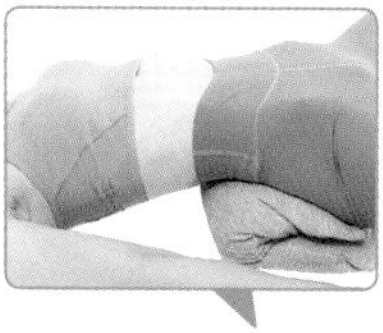

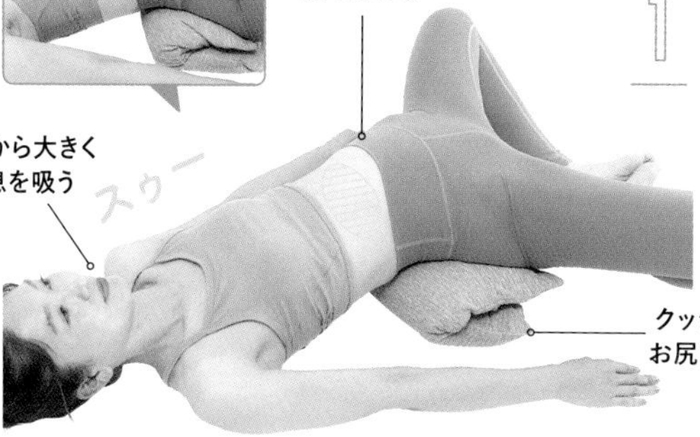
お腹を
膨らませる
鼻から大きく
息を吸う
スウー
クッションで
お尻を上げる

STEP 1

吸う息で お腹を膨らませる

仰向けになり、クッションをお尻の下に敷いて、足裏を合わせて、ひざを開きます。大きく息を吸ってお腹を膨らませます。

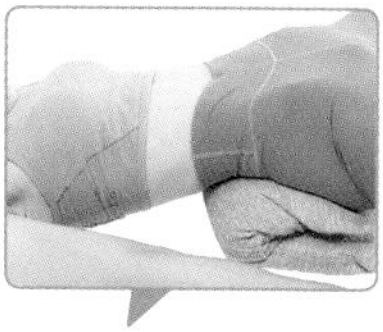

STEP 2

細く長く息を吐いてお腹を凹ませる

ゆっくり息を吐いて、お腹を凹ませます。息を吐くときは内ももを吸い上げるような意識で行いましょう。腹式呼吸をすることで横隔膜が動きます。10回繰り返します。

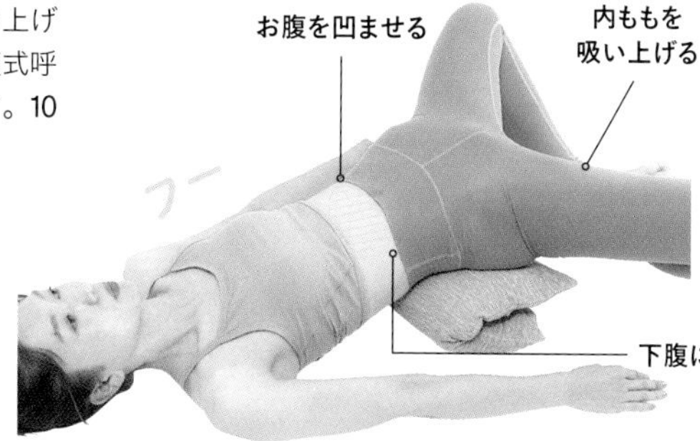
お腹を凹ませる
内ももを
吸い上げる
フー
下腹に効く

erica's advice
クッションでお尻を上げる
ことで下垂した内臓を
引き上げやすくなります

運動初心者でも行いやすい!

股関節ストレッチ

クッションを使うことで、股関節を
伸ばしやすくなるので、体が硬い人でも行いやすいです。股関節を伸ばすことで
血流もよくなり、むくみの解消にもなります。

合計 2分

左右 5回 ずつ

STEP 1

仰向けになり、右ひざを抱える

仰向けになり、クッションをお尻の下に敷きます。両手で右ひざを抱えます。

あごを引く
クッションで
お尻を上げる

STEP 2

左足を上に上げる

息を吸いながら左足をまっすぐ天井に向かって上げます。つま先はなるべくまっすぐになるようにしましょう。

右ひざは抱えたまま

erica's advice

お腹にも力が入るので、
下腹ぽっこりの
解消にもなります！

STEP 3

左足を下ろす

息を吐きながら、床につかない程度まで左足を下ろします。つま先が遠くを通るように下ろすのがポイントです。5回繰り返したら、反対側も同様に。

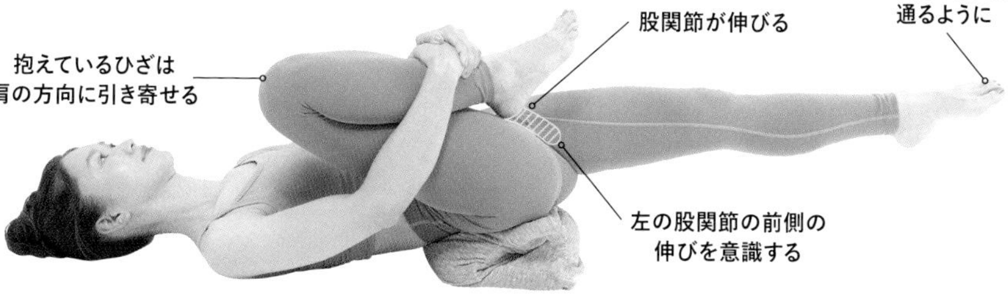
抱えているひざは
肩の方向に引き寄せる
股関節が伸びる
つま先が遠くを
通るように
左の股関節の前側の
伸びを意識する

＼ こんなときに
おすすめ！ ／

生理中でつらい日②

〈 裏もも＆ふくらはぎストレッチ 〉

STEP 2

STEP 1

生理中のむくみを改善します。仰向けになり、片方のひざの裏を持ち、支えながらかかとを動かします。かかとを天井に向ける意識でやるのがポイント。左右合計1分を目安に。

片足重心の人におすすめ

横ももストレッチ

片足重心で立つ人は、骨盤の歪みにより片側の横ももが張っていることが多く、左右差が出てしまいます。正しい位置に戻すためにも、横ももを伸ばして、硬さを取るようにしましょう。

合計 2分

左右 1回ずつ

STEP 1

仰向けになる

仰向けになり、ひざを立て、足はやや開きます。両腕は左右に伸ばします。

あごを引く
やや開く
背中は床につける

STEP 2

下半身を右に倒す

右足を左ひざにかけて右に倒します。上半身は動かないようにそのままキープ。横ももとお尻が伸びます。1分キープしたら反対側も同様に。

体は正面のまま
横ももとお尻が伸びる
足だけ動かす

erica's advice

お風呂上がりに行ってもOK!

むくみを解消する

ふくらはぎストレッチ

ふくらはぎは第二の心臓と呼ばれ、下半身の血液をポンプ作用で心臓に戻す役割があります。しっかり伸ばすことで血流を改善し、脂肪燃焼やむくみの解消も期待できます。

1分　1回

目線は
下げすぎない

STEP 1

四つ這いになる

肩の下に手首、足の付け根の下にひざを置くようにします。

STEP 2

お尻を高く上げる

お尻を高く上げて、ふくらはぎを伸ばします。ひざが伸ばせない場合は軽く曲げてもＯＫ。背中が丸まらないように注意しましょう。1分キープします。

背中は丸まらないように
ひざが内側を
向かないように
ふくらはぎが
伸びる
つま先は正面

erica's advice

お尻を高く上げることでアキレス腱も伸びます！

柔らかくほぐして動かしやすくする

股関節リセットエクササイズ

股関節周りの筋肉が硬く縮んでいると、
股関節が内旋しやすくなるため、エクササイズで外旋させる動きを体に
覚えさせましょう。股関節がスムーズに動かしやすくなります。

合計 1分30秒

左右 10回 ずつ

目線は
下げすぎない

STEP 1

四つ這いになる

肩の下に手首、足の付け根の下にひざを置くようにします。

STEP 2

左足を左手の外側に置く

左足を左手の外側に置きます。

背中は丸まらない
手の外側に置く

生理中でつらい日③
〈 股関節回し 〉

こんなときにおすすめ！

STEP 1
STEP 2
STEP 3

体の力を抜いてリラックスして行いましょう。仰向けになり、ひざを閉じて上げ、そこから外側に大きく足を回しましょう。繰り返すことで股関節周りの筋肉が緩みます。10回、30秒を目安に行いましょう。

erica's advice

股関節が内旋している人はつらいので、はじめは左右5回ずつを目指して！

STEP 3
ひざを外側に開く

前に出した足のひざをゆっくり外側に開きます。動かせる範囲でOK。10回繰り返したら反対側も同様に。

タッチ
壁にタッチするイメージで
股関節に効く

股関節が外旋する
ゆっくり外側に開く

股関節を外旋させ、お尻をすっきり

ヒップアップエクササイズ①

LEVEL2の最後のプログラムはお尻にアプローチ。お尻を鍛えるためには
まず、股関節を外旋させる動きで、お尻の筋肉を使いやすくします。

40秒

5秒キープ × 5回

STEP 1

うつ伏せになる

うつ伏せになり、足指は床に立たせます。

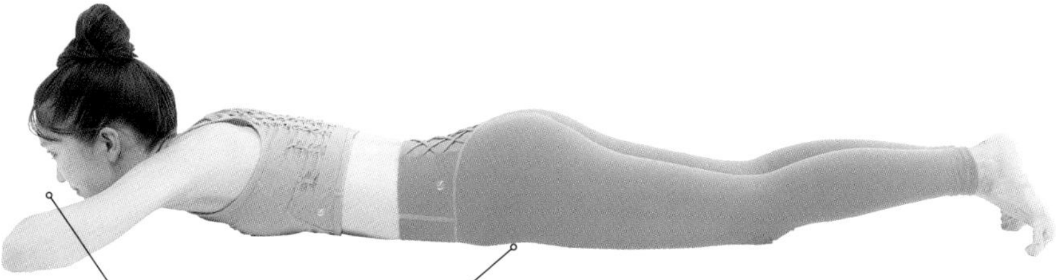

左右10回ずつ

ヒップアップトレーニング

レベルアップしたい人におすすめ!

STEP 1

うつ伏せになり、片方の足のひざを曲げてもう片方の足指は床に立たせます。

STEP 2

足裏を天井に向けたままひざを垂直に上げます。10回繰り返して反対側も同様に。大殿筋を鍛えることができます。

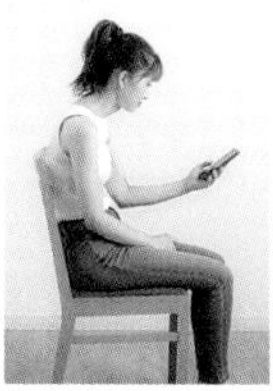

座りがちな人は お尻の筋肉の衰えに注意!

デスクワークなど座りがちな姿勢が多い人はお尻の形がつぶれてしまいがち。意外にお尻はこりやすいので、しっかりストレッチしてからエクササイズすることが大切です。

STEP

2 足を上げる

かかと同士をつけたまま、足を上げます。足を上げるとき、恥骨が浮くと腰に負担がかかるので、恥骨をマットに押し付けるイメージで行いましょう。5秒キープして5回繰り返します。

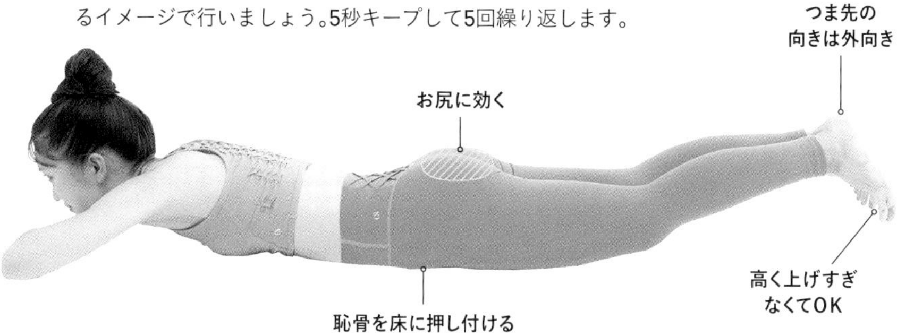
つま先の
向きは外向き
お尻に効く
高く上げすぎ
なくてOK
恥骨を床に押し付ける

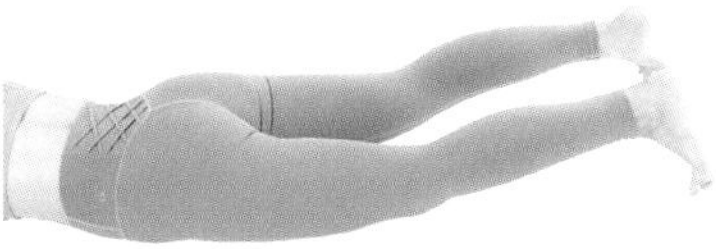

(NG!)

かかとが離れる。

(OK!)

かかと同士はつけるようにしましょう。

erica's advice

かかとをつけることによって
股関節が外旋している
状態になります!

LEVEL 3

最後はエクササイズを中心に一気に美ボディに近づく5日間!

『全身ボディメイク』プログラム

LEVEL1と2で体を伸ばしてエクササイズをしたことで可動域が広がったので、最後の5日間でしっかり体を動かして、姿勢を整えボディラインの引き締めを目指します。

プログラムのポイント

普段使われにくい大きな筋肉にアプローチ

背中の広背筋やお尻の大殿筋は大きな筋肉ですが、普段あまり使われないので、しっかり動かすことで、引き締め効果が高くなります。大きな筋肉を動かすことで脂肪燃焼にもつながります。

お尻のエクササイズでヒップアップを目指す

LEVEL2で硬くなったお尻や股関節を緩めたら、ヒップアップのためのエクササイズを。お尻のインナーマッスルを鍛えることで垂れ尻を改善し、すっきりした下半身に。

全体的に引き締まったボディになります!

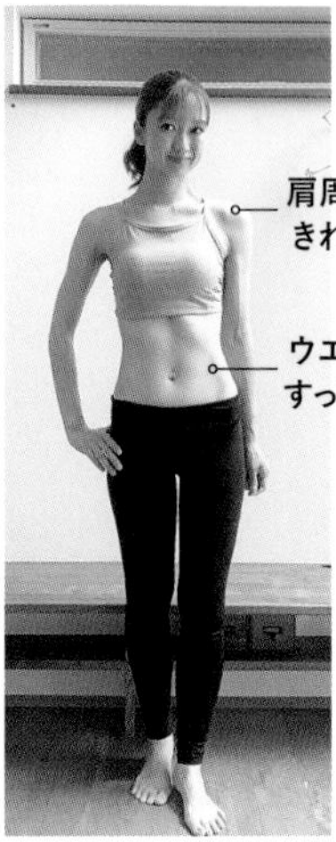

エクササイズするところはココ!

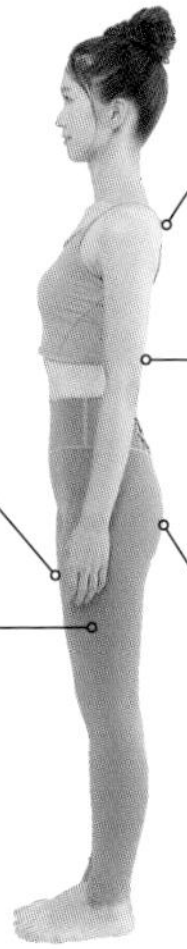

背中
背中の上部の筋肉をエクササイズすると胸が開き、猫背改善に。

二の腕
背中と一緒にエクササイズすることで、二の腕の引き締めに。

お尻
エクササイズでお尻の筋肉にアプローチ。

内もも
普段使われにくい部位なので、脂肪がつきやすくたるみがち。

横もも
LEVEL2よりさらに緩めるストレッチで張りを改善。

erica's advice

さらに美ボディを目指す人へ、プログラムとセットでできるレベルアップのトレーニングを多く紹介しています。時間がある人はトライしてみて!

背中の上部を動かして二の腕に効かせる

背中・二の腕痩せエクササイズ

背中をエクササイズすることが上半身のボディメイクに効果的。
背中の上部の筋肉をエクササイズすることで胸が開き、肩の可動域が広がり二の腕痩せにも効果的です。

1分　10回

STEP 1
ひざを立てて座る

ひざを立てて座り、両手はお尻の後ろに置き、体を支えます。

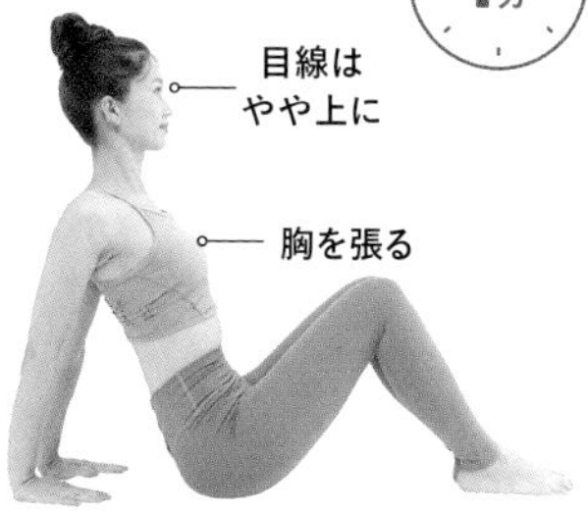
目線は
やや上に
胸を張る

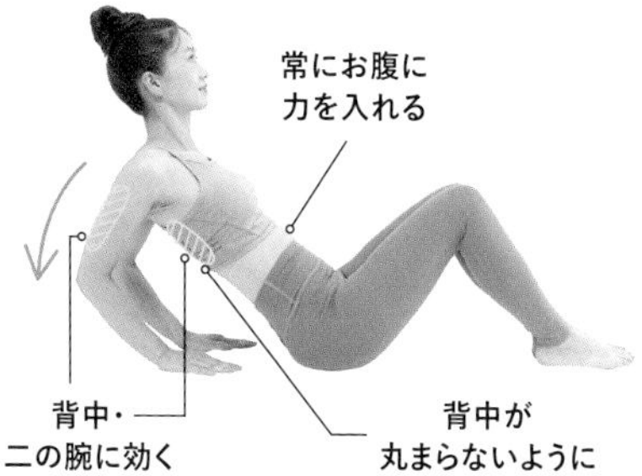
常にお腹に
力を入れる
背中・
二の腕に効く
背中が
丸まらないように

STEP 2
ひじを曲げる

ひじをゆっくり曲げます。ひじが外側に広がらないようにしましょう。10回繰り返します。

10回　二の腕・背中トレーニング

レベルアップしたい
人におすすめ！

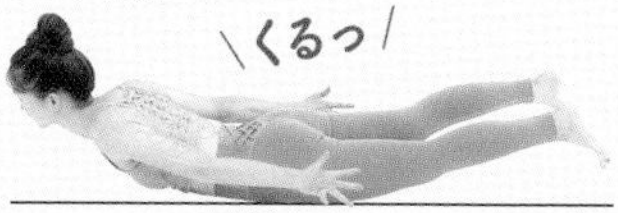
くるっ

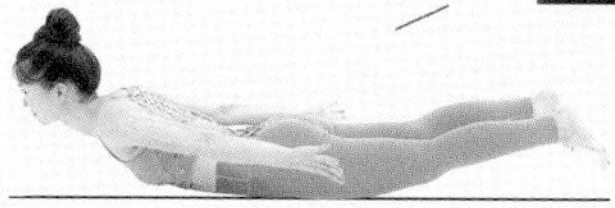

STEP 1
うつ伏せになり、恥骨を床に押さえ付けるようにして、上体と足を上げます。腕は後ろに伸ばします。

STEP 2
腕を外側にひねり、これを10回繰り返します。足は高く上げすぎると反り腰になりやすいので注意を。

お尻を伸ばすのがポイント

横もも張り改善ストレッチ

P.48のストレッチよりさらに横ももを緩めるストレッチで
お尻を伸ばして、横ももの張りを改善します。
横ももの張りは徹底的に改善したいので、LEVEL3でもぜひ取り入れて!

合計 2分

左右 1回 ずつ

erica's advice

股関節の内旋を改善することで、横ももの張りの解消にもつながります!

STEP 1

ひざを立てて座る

ひざを立てて座り、両手はお尻の後ろに置き、体を支えます。

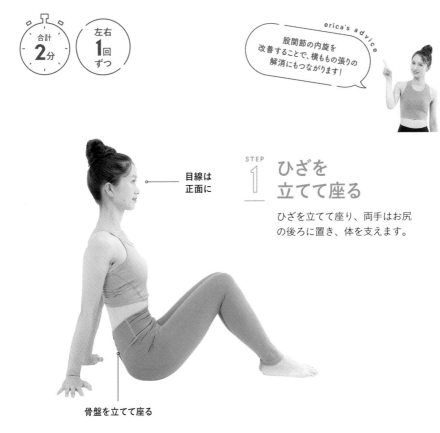

左右10回ずつ

下腹ぽっこり撃退トレーニング

レベルアップしたい人におすすめ!

STEP 1 仰向けになり、手を左右に広げます。足はひざを90度曲げた状態で上げます。

STEP 2 上半身は動かさず、右にひざを倒します。呼吸を止めないようにしましょう。

STEP 3 同じように左にひざを倒して10回繰り返します。腹横筋や腹斜筋にアプローチできます。

STEP 2

右足を左足にかける

右足を左足にかけて、横ももからお尻まで伸ばしましょう。ひざを押し出すようにするのがポイント。1分キープしたら、反対側も同様に。

背中は丸まらない
ひざを押し出す
足は自分のほうに引き寄せる
横ももの張りに効く
お尻が伸びる

(NG!)

ひざを体に近づけすぎるとお尻が伸びません。

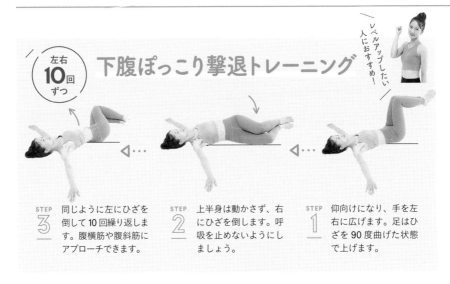

お尻のインナーマッスルに効かせる

ヒップアップエクササイズ②

見た目は地味なエクササイズですが、じわじわとお尻のインナーマッスルに
効きます。呼吸を合わせて行うことで
ぽっこりお腹の引き締めにも効果が期待できます。

合計 2分20秒

左右 10回 ずつ

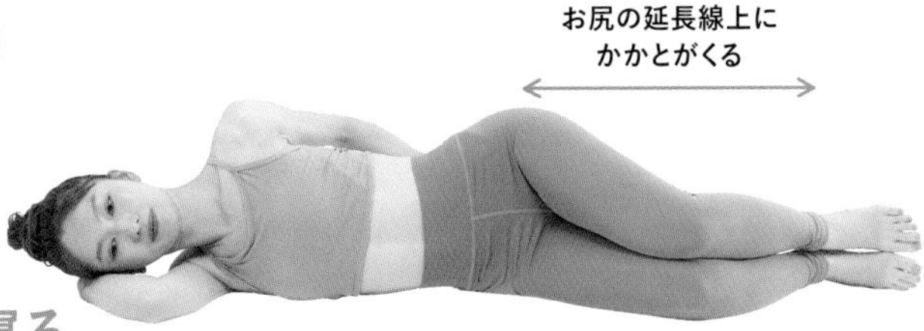
お尻の延長線上に
かかとがくる

STEP 1

横向きに寝る

横向きに寝て、ひざを曲げ、右腕を頭の下に置き、左手はお尻に添えます。

STEP 2

左ひざを開く

お尻を少し突き出し、息を吸って吐きながら左ひざを開きます。呼吸に合わせて行うことでお尻やお腹のインナーマッスルが鍛えられます。10回繰り返したら反対側も同様に。

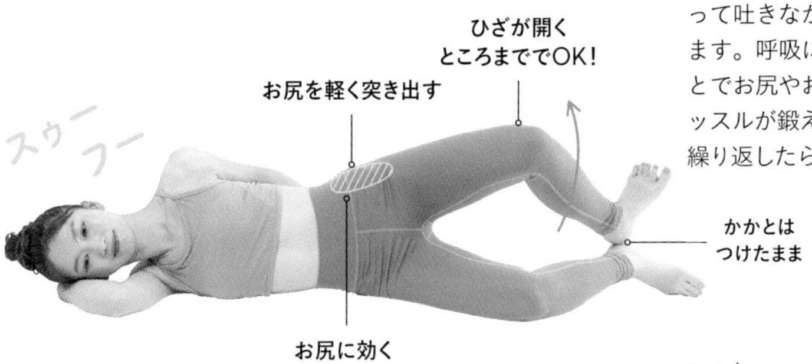
スウー
フー
ひざが開く
ところまででOK!
お尻を軽く突き出す
かかとは
つけたまま
お尻に効く

erica's advice
お尻はもちろん、
ぽっこり下腹にも
効果的です！

中殿筋に効かせる

ヒップアップエクササイズ③

お尻の外側の中殿筋に効かせるエクササイズです。
ヒップアップはもちろん、中殿筋は骨盤や股関節の動きにとって重要な筋肉。
しっかり動かして、股関節の動きもスムーズにします。

合計 2分

左右 15回 ずつ

STEP 1 横向きに寝る

横向きに寝て、ひざを曲げ、
右腕を頭の下に置きます。
左手は体の前に添えます。

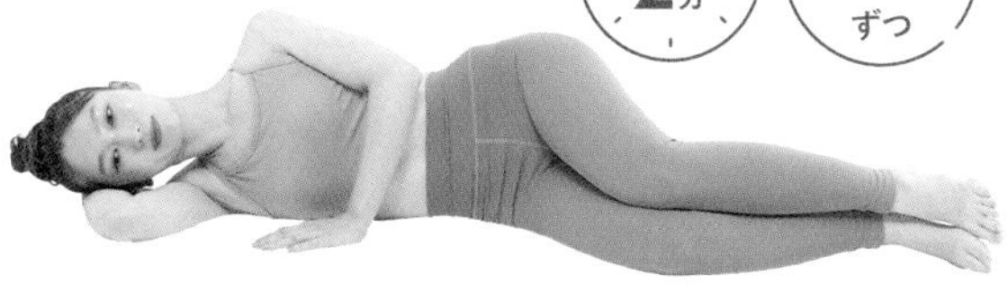

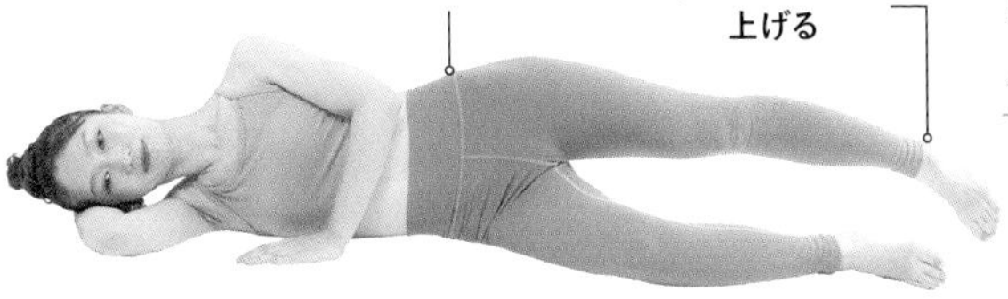
腰は反らない
床から10㎝ほど上げる

STEP 2 左足を上げる

腰が反らないように
左足を上げます。

STEP 3 かかとを斜め後ろに蹴るように上げる

さらに足を上げて、かかとを斜め後ろに蹴り上げるような意識で15回行います。
反対側も同様に。

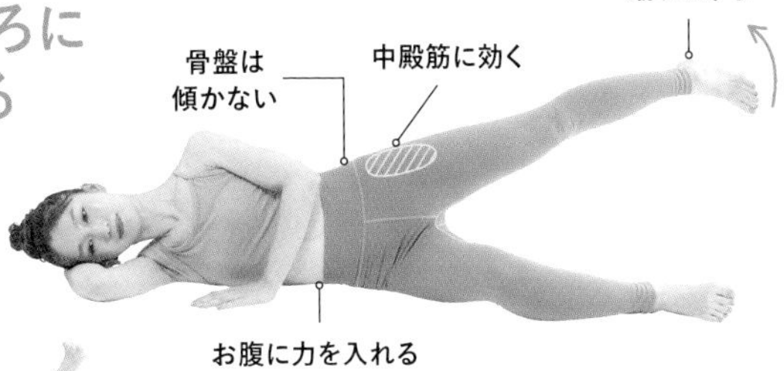
かかとを斜め後ろに蹴り上げる
骨盤は傾かない
中殿筋に効く
お腹に力を入れる

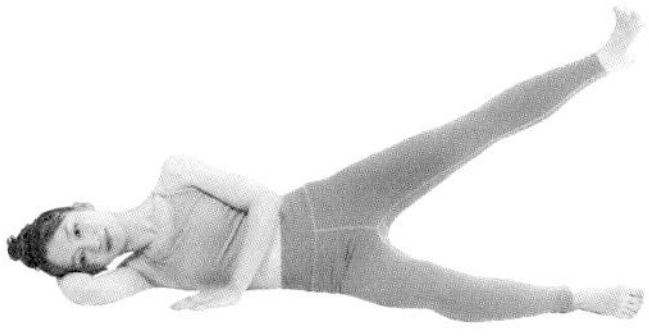

（ NG! ）

つま先が上を向くと、
お尻に効きません。

普段使われにくい部位を動かす

内ももエクササイズ

内ももの筋肉が弱くなっていると、
外ももや前ももの筋肉に引っ張られて外側重心になってしまいます。
エクササイズで内ももの筋肉を鍛えて、引き締めましょう。

合計 1分

左右 15回 ずつ

STEP 1

横向きに寝る

横向きに寝て右腕を頭の下に置きます。左ひざを曲げ、右足は伸ばし、左手は体の前に添えます。

erica's advice

お腹にしっかり力を入れて
行わないと腰を痛めて
しまうので注意しましょう

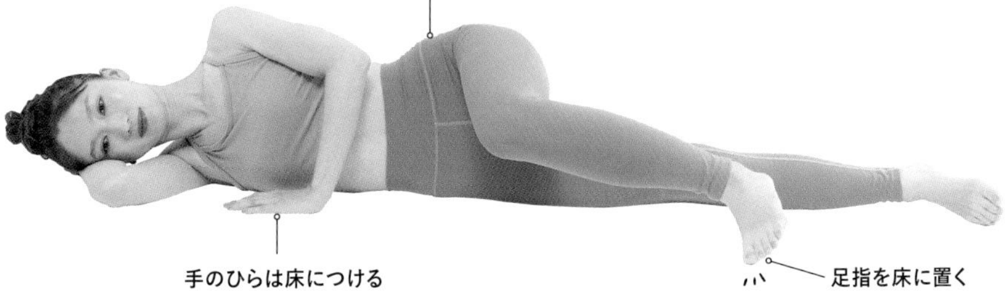

体が傾かないようにする
手のひらは床につける
足指を床に置く

中殿筋トレーニング

左右10回ずつ

レベルアップしたい人におすすめ！

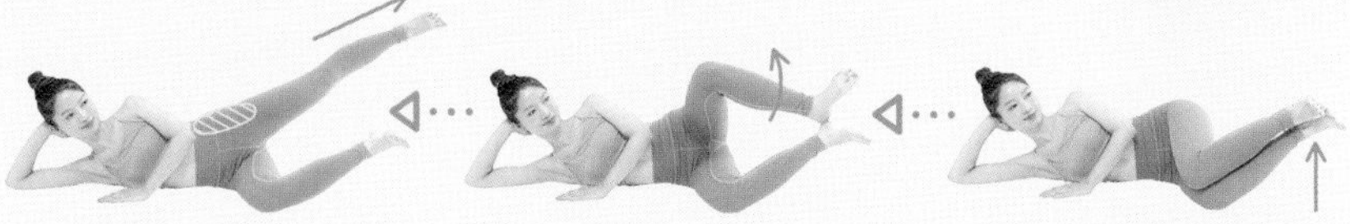

STEP 1 横向きに寝て右ひじを床につけて頭を支えます。左手は体の前に添えて、両足はひざを曲げて足先を上げます。

STEP 2 左ひざを開きます。体が後ろに倒れないようにしましょう。

STEP 3 左足をかかとから斜め後ろにキックするように上げます。10回繰り返して反対側も同様に。体がぶれないようにしっかりお腹に力を入れましょう。

STEP 2 右足を上げる

かかとから上げていく意識で、右足を上げます。お腹にしっかり力を入れるようにしましょう。15回繰り返して反対側も同様に。

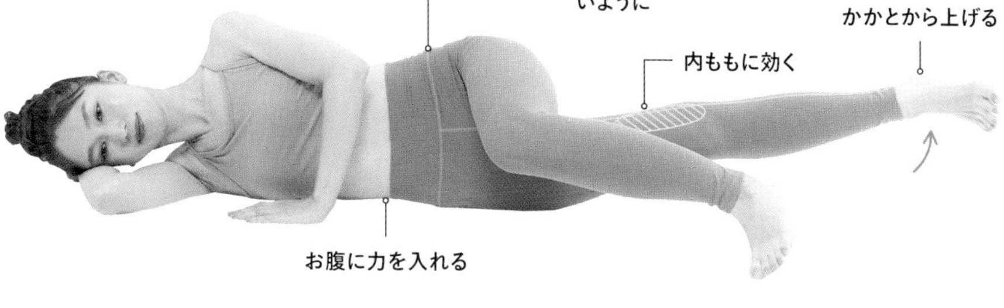

（ NG! ）

つま先から上げると前ももに効いてしまうので、かかとから上げるようにしましょう。

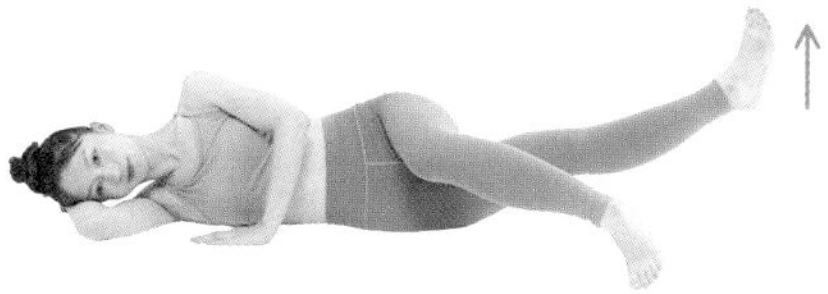

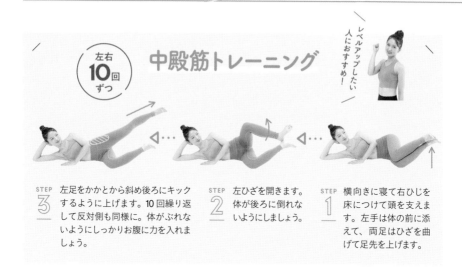

足の歪みを整える

美脚エクササイズ

太ももやふくらはぎの張りを改善して、足の歪みを整えていきます。
お腹にしっかり力を入れて、足を上に上げましょう。
血流がよくなり、むくみの改善にもつながります。

1分

5秒キープ×5回

erica's advice

お腹、内ももにも効く
エクササイズです。足を上げる
ときはできる範囲でOKです!

STEP 1

仰向けになりひざを曲げて上げる

仰向けになり、かかと同士をくっつけてひざを開いた状態にして軽く上げます。

かかと同士を
くっつける
お腹に力を入れる
両手で体を安定させる

体幹トレーニング

左右10回ずつ

＼レベルアップしたい人におすすめ！／

STEP 1
仰向けになり、両ひざをくっつけた状態で90度に上げます。両腕もまっすぐ上げて。

STEP 2
息を吐きながら、右足を床すれすれまで下ろすと同時に左腕も床すれすれまで下げます。息を吐き切るまでこの状態をキープ。

STEP 3
息を吐きながら、反対側も同様に。足を下ろしたときに下腹が硬くなっているかチェック。10回繰り返します。

STEP
2 足を閉じて伸ばす

ひざが外側を向いたままのイメージで足を閉じながら、吐く息で天井に向かって伸ばします。5秒キープして5回繰り返します。

つま先は外側
内ももに効く
体幹がしっかり働きます
フー

erica流

糖質の調整をする、
足りない栄養を補う、食べる時間に気をつける

子育てしながら痩せる食習慣

すっきりしたボディラインになるためには、ストレッチなどを通して姿勢改善をすると同時に、食生活の見直しをしましょう。子育てのストレスでついお菓子を食べすぎたり、忙しくて簡単にできる糖質過多な食事をしていたりすると、エクササイズを行っても痩せにくくなりますし、健康にもよくありません。栄養をきちんと摂り、子育てしながら痩せる食習慣をご紹介します！

erica流 食習慣のルール

RULE 01

糖質、脂質、タンパク質を3食バランスよく食べる

ダイエットでやりがちなのが、食事の量を減らしてしまうこと。私も昔は失敗して変にやつれてしまいました。姿勢改善でさらに効果を出すためには筋肉を作るために必要なタンパク質をしっかり摂るようにしています。食事で補えないときはプロテインを利用。また、夜はお米の量を控えめにするなど調整しています。

RULE 02

糖質は朝食→昼食→夕食の順で減らしていく

夕食は子どもたちの食事の栄養バランスを考えるので、ある程度ボリューム感のあるものを作りますが、タンパク質を摂っても糖質は減らすようにしています。ご飯はお茶碗半分くらいにして、その代わりに野菜、タンパク質をしっかり摂って、栄養不足にならないようにしています。

RULE 03

食べる順番に気をつける

先にご飯から食べてしまうと、血糖値が上がりやすくなるため、野菜やタンパク質を先に食べるようにして血糖値の上昇を緩やかにしています。またメインの料理を食べる前に、副菜や汁物から食べてお腹をある程度膨らませることで、満腹感が得られ、ドカ食いの防止に。

RULE 04

空腹の時間が長くならないようにする

例えば、朝忙しいからお昼まで食べないでいると、昼食で血糖値が急上昇し、インスリンが大量に分泌されます。血糖値は上がるのも早いですが下がるのも早く、下がるとまた糖質を摂りたくなってしまいます。なるべく食事の間隔をあけず、空腹の時間が長くならないようにするのがコツ。

RULE 05

調味料を上手に使って栄養補給する

さまざまな栄養は摂りたいけど、子育て中はそれほどたくさんの数や量は作れないですよね。そんなときは調味料で補います。お塩はマグネシウムがたっぷりのものを使うようにしたり、体内で合成できない不飽和脂肪酸（オメガ3）が豊富に含まれているアマニ油をサラダにかけたりするなど、調味料を上手に使っています。

＼1DAY／
ある日の食事メニューを大公開

朝食 パンの日

パン……焼くだけ
オムレツ……牛乳を少し混ぜて焼くだけ
トマト……エゴマ油をかけてオメガ3を摂取
ブロッコリー……マグネシウムたっぷりの沖縄の塩ぬちまーすをかける

シリコンスチーマーに入れてチンするだけ

子どもも同じメニューです。朝は忙しいので焼くだけ、チンするだけにしています。パンはなるべく菓子パンを避けるのがコツ。

昼食 01

鯖缶で簡単!

ご飯……茶碗1杯弱
納豆・鯖缶……栄養価が高く手軽な2品はお気に入り
豆腐と玉ねぎのお味噌汁……前日の残り。いつも少し多めに作っておく

昼食 02

アボカド納豆丼

ご飯……茶碗1杯弱
納豆・卵アボカド……切るだけ、かけるだけでビタミンB_2やタンパク質まで摂れる優秀食材

昼食は基本、パスタや麺類ではなく、お米を食べています。おかずは前日の残り物が多いですが、ないときは納豆や鯖缶などフライパンを使わず洗い物を極力少なくすることを意識しています。

食生活についてのQ&A

Q プロテインは飲むと太ると聞いたり痩せると聞いたり。実際はどうなんでしょうか?

A 適量を飲む分には太る心配はないです

適量を飲む分には、決して太りやすいものではないと思っています。プロテインの種類によっては、飲みやすくするために糖質をたくさん使っているものもあるので糖質、脂質、タンパク質のバランスを必ずチェックして購入するようにしています。

Q プロテインを飲むタイミングは?

A 1日3回に分けて飲んでいます

タンパク質は一度に沢山の量を身体が吸収できないので、1日かけてこまめに摂取することが大切です。私は、寝起きすぐ(6時半頃)、朝食と昼食の間(10時頃)、昼食と夕食の間(15時頃)の計3回に分けて飲んでいます。

子どもたちと同じメニューを食べますが、夕食はご飯の量を減らし、食べる時間や順番を工夫しています。副菜はフライパンで調理するメニューを少なめにして、洗い物の手間を減らしています。

夕食 02

野菜たっぷりカレー

カレー……ナスたっぷりの野菜カレー
サラダ……水菜の上にサラダチキンとしめじにアスパラを焼いたものをのせただけ

カレーにジャガイモを入れると一気にカロリーUPするのでジャガイモの代わりにナスなどの野菜を使って作っています。

夕食 01

グリルチキン

グリルチキン……ハーブ入りの塩とコショウを振ってグリルで焼くだけ
冷奴＆キムチ……切ってのせるだけの発酵食品
水ナス……切って昆布茶で和えるだけ
オクラ……焼いて塩を振っただけ
お味噌汁……塩分の摂りすぎに注意するため、具を多めに入れてお汁は気持ち控えめに
ご飯……茶碗半分

夜はご飯の量を茶碗半分程度にするか、体重が気になるときは炭水化物を抜いています。副菜は手間のかからないものに。

おやつタイム

自然なものをチョイス

干し芋……栄養価が高い
栗……食物繊維豊富
ナッツ……ビタミン、オメガ3
ヨーグルト……発酵食品

おやつはなるべく自然のものを食べています。ヨーグルトはプレーンを購入して、オリゴ糖を少しかけます。無塩のナッツもお気に入り。

Q アルコールがやめられません。ダイエット中でもうまく付き合う方法はありますか？

A お酒の種類やおつまみの見直しを

お酒の種類や、おつまみ、飲んだ後のケアを意識してみてください。**ビールや日本酒、カクテルなどは糖質が多く太りやすいので控えめに。**代わりに、ハイボール、焼酎、レモンサワーなどにするとカロリーを抑えることができます。**おつまみはお刺身、枝豆、冷奴などがおすすめ。**お酒を飲んだ後は、お水でしっかり水分補給を。アルコールを分解する際にビタミンやミネラルが使われて代謝が落ちる原因になるので、**翌朝はフルーツやマグネシウムが豊富なお塩などを摂るように。**ビールは週末のお楽しみにするなど、ルールを決めておくのもおすすめです。

STEP 3

子育てしながら、家事しながらできる!

忙しいママにおすすめ!
ながらストレッチ&エクササイズ

家事や子育て、仕事で忙しくて運動する時間がとれない人に
おすすめのストレッチ&エクササイズを紹介! タオルを足に挟んだり、
立っているときに呼吸法に気をつけたりするだけでOKなので、
気軽にトライして姿勢改善しましょう!

※子どもの世話をしているときなどは、子どもから目を離さないように気をつけて行いましょう!

＼ こんなシーンにできる! ／

ながらストレッチ&エクササイズ

炊事や食事をしながらストレッチ&エクササイズ

炊事中や食事中にできるストレッチ&エクササイズを紹介。前傾姿勢や猫背に気をつけながら行うことがポイント。キッチンのシンクを使ってもできるので、ちょっとした合間に行ってみましょう。

子どもの送り迎えやお出かけ時にできる姿勢改善

子どもを待っていたり、ベビーカーでお出かけしたりするときも、姿勢を意識するポイントを押さえておけば、エクササイズと同じ効果があります。子どもへの注意はきちんと払いつつ、無理のない範囲でトライを。

授乳時や寝かしつけをしながらストレッチ&エクササイズ

産後のママにおすすめの股関節の歪みや下半身の硬さを改善するストレッチやエクササイズを紹介。仰向けになってできるものもあるので、気軽に体を伸ばしたり、動かしたりすることができます。

前傾姿勢を解消し、下半身を自然に鍛える

食事を作りながらできるプログラム

キッチンに立っているとどうしてもシンクにもたれたり、前傾姿勢になりがちに。
自然に姿勢改善できるよう、立ち姿勢から見直し、使われにくい内ももや背中の筋肉を動かしましょう。

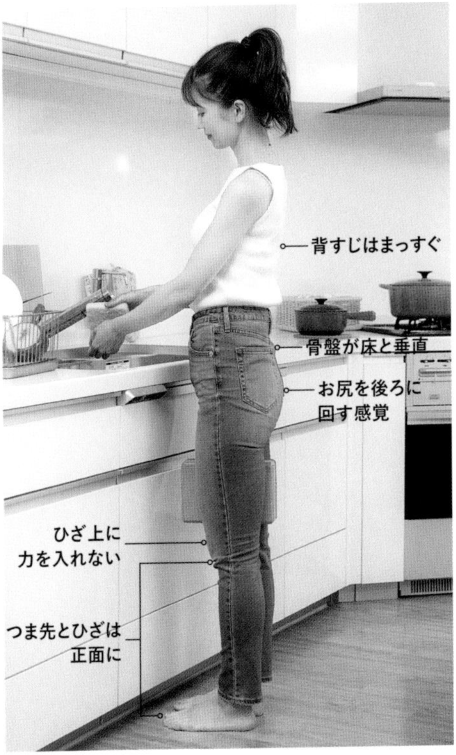
背すじはまっすぐ
骨盤が床と垂直
お尻を後ろに回す感覚
ひざ上に力を入れない
つま先とひざは正面に

PROGRAM / A

ブロック挟み

内ももにヨガのサポートで使うブロックを挟むことで、足裏全体に体重をのせて、バランスよく立つことができます。内ももを鍛えることができ、お尻の引き上げ効果を期待できます。ブロックがない人はクッションやタオルを挟みやすい厚さに畳んだものでもOK。

STEP 1 内ももにブロックを挟む

ブロックを内ももに挟んで立ちます。前屈みにならないようにするのがポイント。作業中、こうするだけで正しい姿勢をキープできます。

PROGRAM / B シンクでストレッチ

シンクを使って、背中と二の腕をストレッチします。
胸が開き、前傾姿勢の改善になり、自然と肩周りがほぐれます。肩こり防止にもおすすめ。
レンジを使っているときなどの合間に行うのがおすすめです。

STEP 1 シンクを背に立つ

シンクを背にして、両手でシンクをつかみ、両腕は伸ばします。

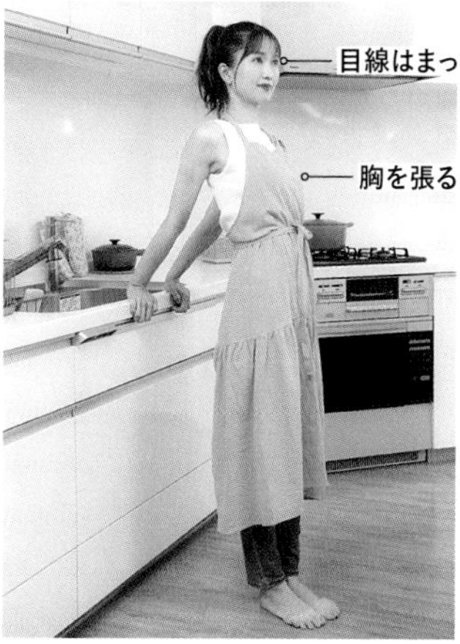
目線はまっすぐ
胸を張る

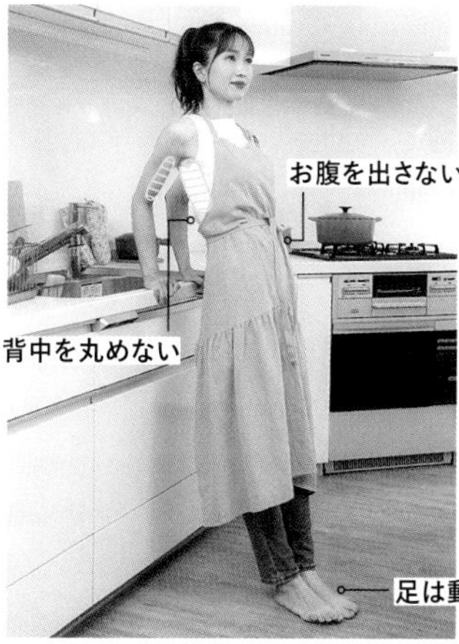
お腹を出さない
背中を丸めない
足は動かさない

STEP 2 ひじを曲げる

両ひじをゆっくり曲げ肩甲骨を寄せます。
10回ほど繰り返します。

キッチンでついこんな姿勢になっていませんか？

（OK!）

シンクにもたれず、作業がしやすい程度に離れて立ちます。前傾姿勢にならないように背すじを伸ばして足裏全体に体重をのせると、バランスがとりやすくなります。

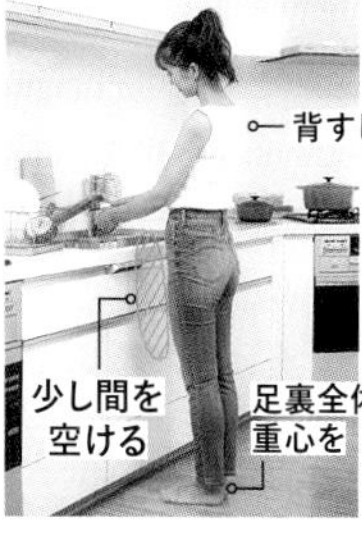
背すじを伸ばす
少し間を空ける
足裏全体に重心を

（NG!）

シンクにもたれると反り腰ぎみになってしまいます。猫背にもなりやすく、この姿勢がクセになるとお腹やお尻が引き締まりません。

ピタッ

骨盤を立たせて正しい姿勢をキープ

食事中にできるプログラム

普通に座っている状態でも意識すれば、
姿勢改善や内もものたるみを解消することができます。
また、食事中は猫背になって下腹がぽっこりしてしまうので
骨盤を立たせるようにして、正しい姿勢をキープしましょう。

背すじを伸ばす
お腹を引き上げる
内ももを使う

PROGRAM ／A

内ももエクササイズ

座ったときにひざ同士をくっつけるのがつらい人は内ももの筋肉が弱くなっています。タオルを挟むことで内ももの筋肉が使われ、下半身がどっしりするのを解消します。

STEP 1

内ももにタオルを挟む

骨盤を立たせて座り、内ももにタオルを挟んでキープする。タオルを挟むことで足が開きにくくなり、内ももが自然と使われます。

初心者におすすめ!
クッションを当てる

背もたれにクッションを置くと骨盤が倒れにくくなります。

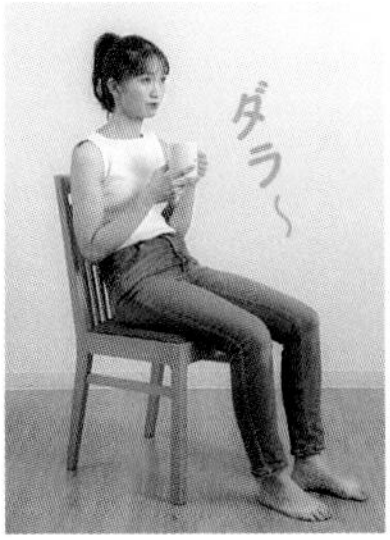
ダラ〜

(NG!)

背もたれにもたれすぎて、骨盤が倒れてしまうと、下半身もダラッとしてしまいます。

erica's advice
肩こりの改善にもなります。

PROGRAM / B 美背中エクササイズ

椅子を使って行うので、食事シーン以外でもデスクワークの合間にもおすすめです。
肩甲骨を寄せることで、胸が聞きやすくなるので猫背改善に効果が期待できます。

STEP 1 手を背中側で組む

椅子の背もたれの外側で手を組みます。

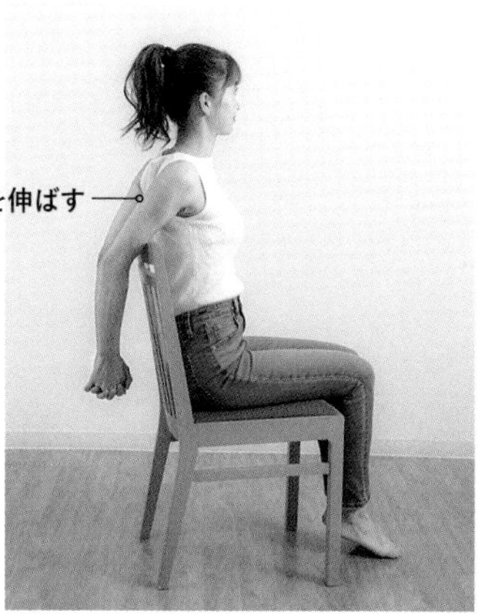
背すじを伸ばす

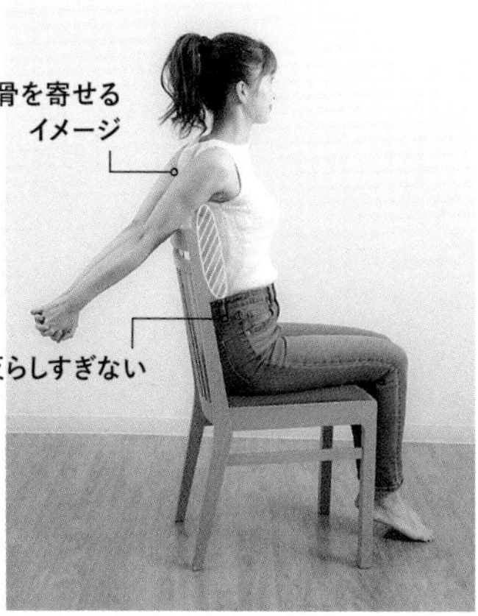
肩甲骨を寄せる
イメージ
腰を反らしすぎない

STEP 2 手を上げる

息を吐きながらゆっくり手を上げ、3秒キープ。10回ほど繰り返します。

こんなときに
おすすめ!

疲れを感じた日①

〈 ボールで腰をほぐす 〉

仰向けになり、おへその延長線上から背中側に少し入ったところにボールを当てて、左右合計1分ほぐします。ボールを置いているほうに体を少し傾けるとしっかりほぐせます。

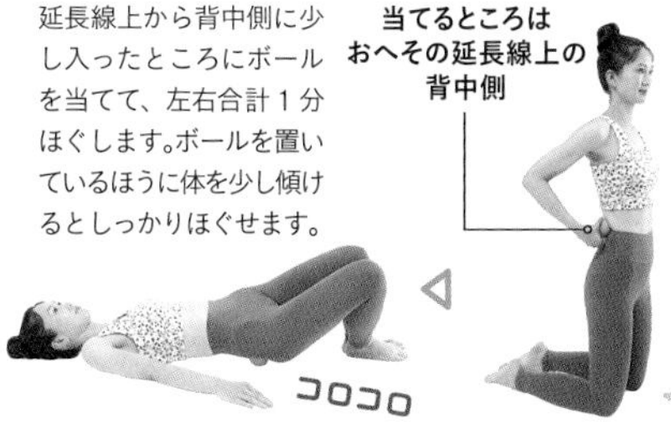
当てるところは
おへその延長線上の
背中側
コロコロ

〈 ボールで肩甲骨をほぐす 〉

仰向けになり肩甲骨の内側にボールを当てて、手を伸ばして前後に左右合計1分動かします。肩こりや体の疲れが取れますよ。

当てるところは
肩甲骨の内側
コロコロ

立ち姿勢と呼吸トレーニングでインナーマッスルを鍛える

子どもの送り迎えをしながらできるプログラム

子どもの送迎のバス待ちなどでできるエクササイズ。
ダラッと立っているのはもったいないので、
この時間を利用して、こっそり
お腹のトレーニングをしちゃいましょう。

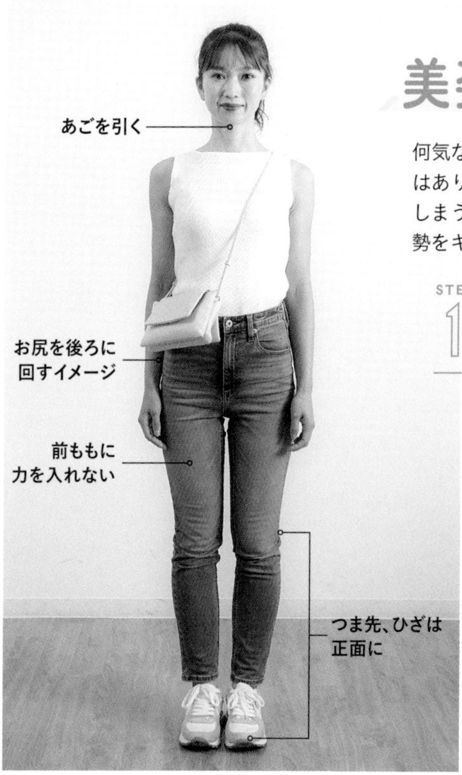
あごを引く
お尻を後ろに回すイメージ
前ももに力を入れない
つま先、ひざは正面に

PROGRAM / A

美姿勢足閉じキープ

何気なく立っていると片足重心になっていることはありませんか？　骨盤や足の歪みにつながってしまうので、足を閉じてお腹に力を入れて、美姿勢をキープしましょう。

STEP 1

足が開かないように立つ

足が開かないようにして、お腹を引き上げるイメージで立ちます。前ももに力が入りすぎないように注意しましょう。

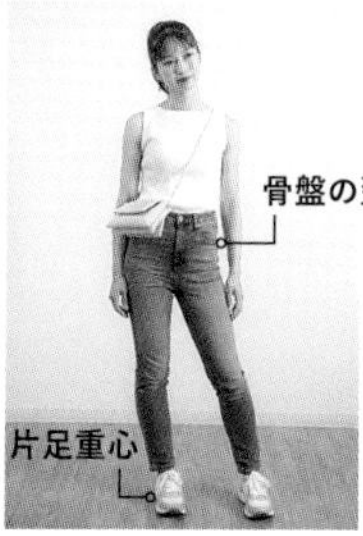
骨盤の歪み
片足重心

(NG!)

片足重心で立つと骨盤の歪みの原因になってしまいます。

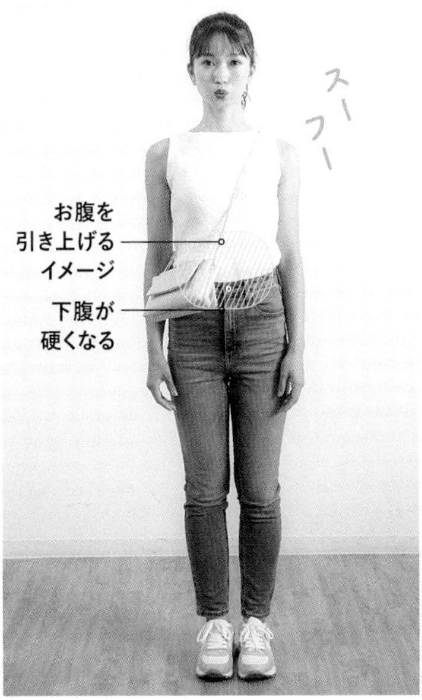
スー
フー
お腹を
引き上げる
イメージ
下腹が
硬くなる

PROGRAM ／ B

インナーマッスルを鍛える呼吸トレーニング

子どもを待っている間にできるエクササイズです。呼吸でお腹のインナーマッスルを鍛えます。吸う息で体全体に空気を入れて、吐く息でお腹全体を引き上げるイメージで行うことでお腹の引き締めになります。

STEP 1 3秒吸って6秒で吐き切る

立った姿勢で、息を3秒吸って、6秒で吐き切って、3秒その状態をキープします。

こんなシーンにも気をつけよう!

ベビーカーでお出かけ

(OK!)

ベビーカーのハンドルを低くしすぎないようにして、お尻を使って歩くように。背すじを伸ばしてお腹を引き上げましょう。

(NG!)

猫背になって、お尻が突き出てしまい、垂れ尻の原因にも。

自転車で送り迎え

(OK!)

背すじを伸ばしてあごを引き、軽く脇を締めて座ります。呼吸するときは、吐く息でお尻でサドルをつかむようにキュッと締めて、吸う息で緩めます。骨盤底筋を鍛えることができます。

(NG!)

前屈みになりすぎて、前ももに過剰に負担がかかっている状態。

※子どもを乗せているときは安全第一に乗りましょう。

産後のママにおすすめ!

授乳しながらできるプログラム

1日に何度もある、授乳タイムを利用しましょう。
主に足裏や足指を動かすエクササイズなので、
授乳しながらでも無理なくできます。
授乳時の姿勢にも気をつけながら行いましょう。

PROGRAM ／ A 足裏をボールでほぐす

足裏は体全体を支えるため、硬くなっていたり、土踏まずがない偏平足になっていることが多く、姿勢をきれいに保てない原因になります。ボールでほぐして緩めましょう。

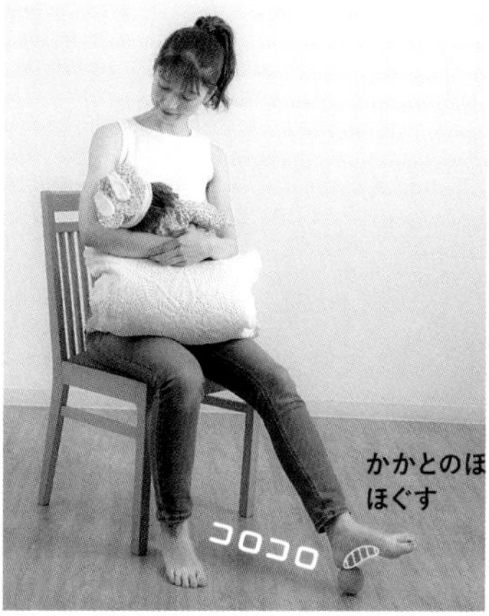
かかとのほうも
ほぐす
コロコロ

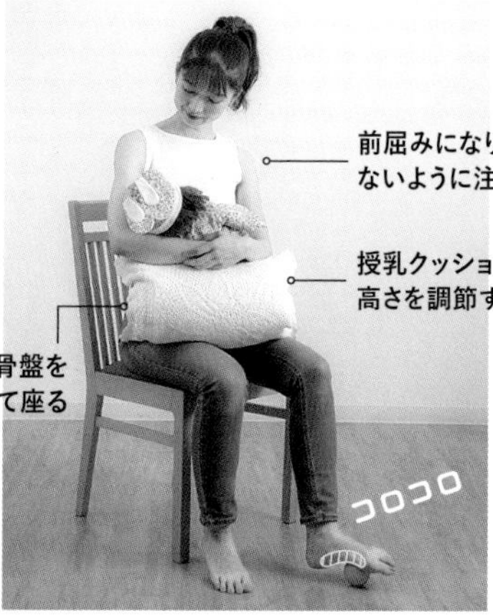
前屈みになりすぎ
ないように注意
授乳クッションで
高さを調節する
骨盤を
立たせて座る
コロコロ

STEP 1

足裏にボールを当てる

足裏にボールを当ててかかとからつま先までコロコロ転がします。1分ほど行ったら反対側も同様に。

erica's advice

歩きすぎた日にもおすすめ!
足のむくみも解消します!

PROGRAM / B 足指体操

普段、縮こまっている足指を広げることで、足裏全体が使われるようになり、正しい姿勢がキープしやすくなります。

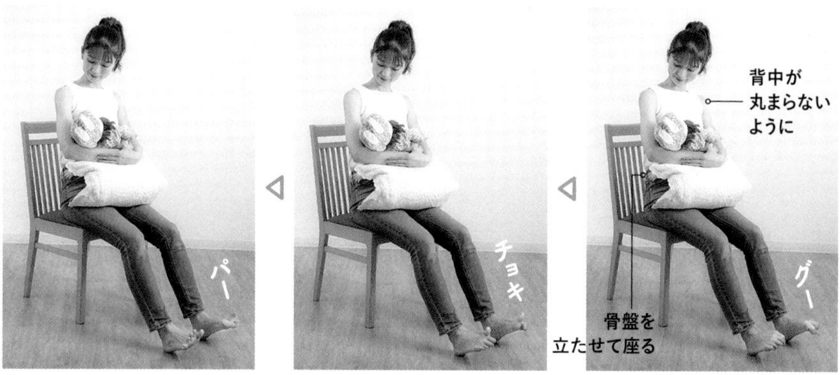
パー
チョキ
背中が
丸まらない
ように
骨盤を
立たせて座る
グー

STEP 1 足指でグー、チョキ、パーを作る

床にかかとをつけて足指をグー、チョキ、パーと順番に動かします。10回ほど繰り返したら反対側も同様に。

こんなときにおすすめ！

抱っこの後

〈 胸の周りをほぐす 〉

脇の下をつかんで、親指で胸の横の筋肉を圧迫して肩の付け根から手を大きく後ろに回します。抱っこで硬くなった筋肉をほぐし、猫背や巻き肩を改善します。左右10回ずつを目安に。

〈 壁で背中ストレッチ 〉

足は肩幅より広めに開き、両手を壁について、お尻を引いて1分ほどお辞儀します。授乳でガチガチになった背中をストレッチでき、裏ももや脇の下も伸びます。

お尻や股関節をケアする

寝かしつけをしながらできるプログラム

子どもが寝るのを邪魔せず、下半身のみ動かして、
股関節やお尻をエクササイズします。
仰向けになった姿勢でできるので、
リラックスしながら行えるのも特徴です。

PROGRAM / A カエル足股関節

足裏を合わせて、股関節を開くことで、ストレッチ効果が期待できます。
静かにできるので、寝かしつけをしながらでも安心。おやすみ前に行うのもおすすめです。

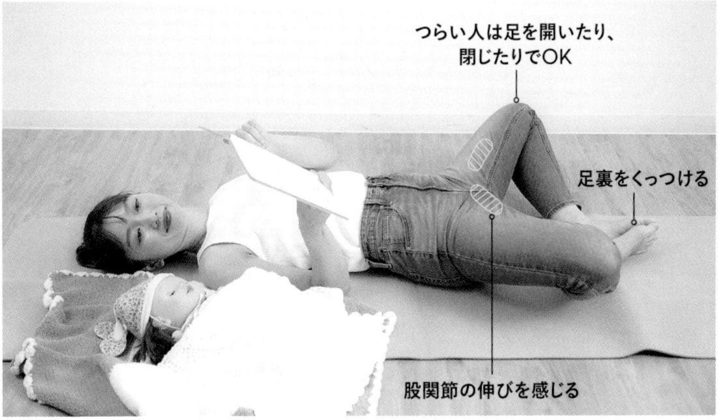
つらい人は足を開いたり、閉じたりでOK
足裏をくっつける
股関節の伸びを感じる

STEP 1 仰向けになり股関節を開く

仰向けになり、足裏を合わせて、股関節を開いたまま1分間キープ。開いたままがつらい人は足を開いたり、閉じたりをゆっくり10回行いましょう。

PROGRAM / B ヒップリフト

お尻の筋肉の大殿筋を鍛えられるエクササイズ。お腹の力が抜けないように注意して、お尻をゆっくり上げましょう。お尻だけでなく体幹も鍛えることができます。

手のひら1.5枚分

STEP 1 仰向けになり、ひざを立てる

仰向けになり、ひざを立て、背中や腰は床につけます。お尻とかかとの間は手のひら 1.5 枚分くらい開けます。

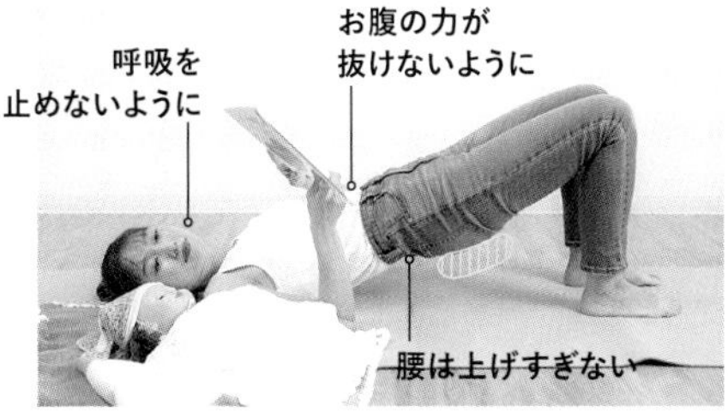
呼吸を
止めないように
お腹の力が
抜けないように
腰は上げすぎない

STEP 2 お尻をゆっくり上げる

息を吸って吐きながらお尻をぐっと天井に突き上げるイメージで上げます。10 回ほど繰り返します。

こんなときにおすすめ!

疲れを感じた日②

〈 ボールでお尻ほぐし 〉

デスクワークが多い人はお尻がこり固まりがちです。骨盤の前側の骨の延長線上からお尻に入ったところにボールを当てて、左右合計 1 分ほぐします。体を傾けるとよりしっかりほぐせます。

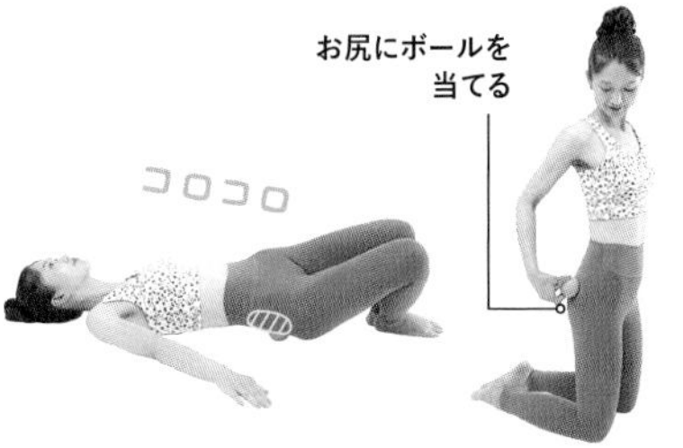
コロコロ
お尻にボールを
当てる

むくみが気になる日③

〈 壁で股関節ストレッチ 〉

お尻をなるべく壁に近づけて、足を壁にかけて、左右に広げます。つま先を外側にするのがポイント。股関節が伸び、血流がよくなります。おやすみ前にもおすすめ。1分を目安に。

STEP 4

顔のたるみ、ウエストのくびれ、垂れ尻etc.

気になるお肉を一気に引き締め！
部分痩せプログラム

気になる顔のたるみ、たぷたぷの二の腕、足の太さなど
気になる部位にアプローチするエクササイズをしましょう。姿勢を整える
プラスαでトレーニングを組み込んで体を引き締めるのがポイントです。

無理せず、時間があるときにやりましょう！

部分痩せプログラムのポイント

気になる部位をピンポイントで鍛える

お尻でも上部、下部によって適切なエクササイズは違います。より引き締め効果を実感できるようにピンポイントにアプローチすることで、理想のボディを目指しやすくなります。

気になる部位の筋肉に刺激を与える

STEP2で伸ばして動きやすくした筋肉に刺激を与えます。気になる部位の筋肉を意識して動かすようにしましょう。猫背や反り腰にならないように姿勢に気をつけて行うのもポイントです。

長時間やるよりフォームに気をつける

いくらがんばってトレーニングしても、フォームが間違っていると狙っていた筋肉以外を使うことになって、逆に太くなってしまうことがあるので、正しいフォームで行うことがポイントです。

猫背を改善して、首周りをすっきり!

顔のたるみ

顔のたるみの原因は、加齢や紫外線の影響などもありますが、
姿勢も関係しています。猫背によって肩が丸まってしまい、
首が縮んで、フェイスラインがぼやけます。
まずは首や肩をほぐしましょう。

(NG!)

猫背でフェイスラインがぼやける

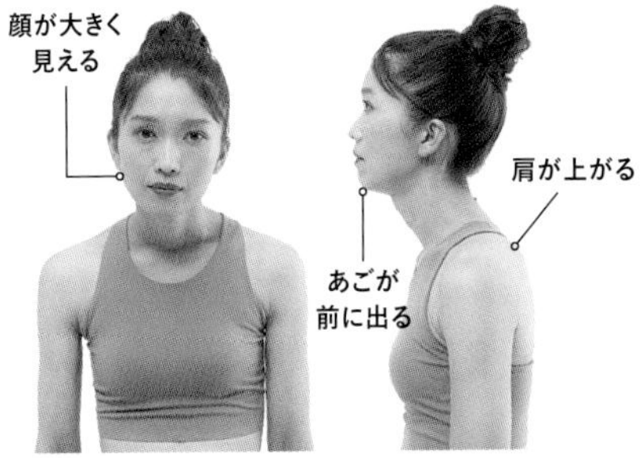
顔が大きく見える
肩が上がる
あごが前に出る

肩がもりっと上がり、鎖骨周りがきれいに見えません。肩が硬くなり、首も縮み、二重あごになりがちに。

(OK!)

正しい姿勢で顔周りがすっきり

顔周りすっきり

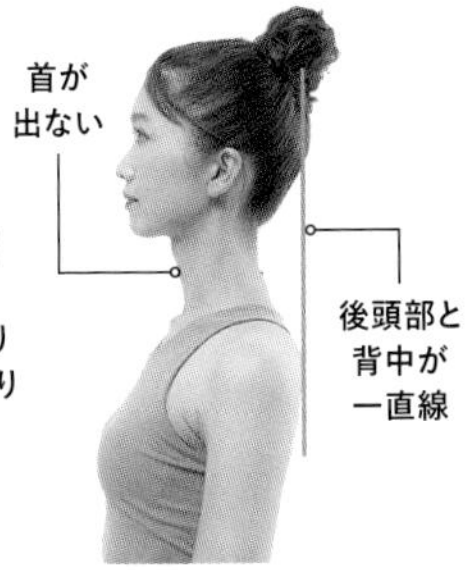
首が出ない
後頭部と背中が一直線

正しい姿勢になると、肩のラインが下がり、顔周りがすっきりした印象に。あごを引くと、顔がコンパクトに見えます。

/ 顔のたるみ解消ポイント /

☑ **猫背を改善して顔のたるみを解消**

猫背は体だけでなく、顔も老けて見えしてしまいます。首や肩が縮んでしまい、顔周りが詰まって見えるので、しっかりと改善を。

☑ **ほぐしやストレッチを先に!**

首の周りの筋肉が縮んだままでは、エクササイズをしても効果は期待できません。ほぐすことから始めましょう。

/ ストレッチするのはココ! /

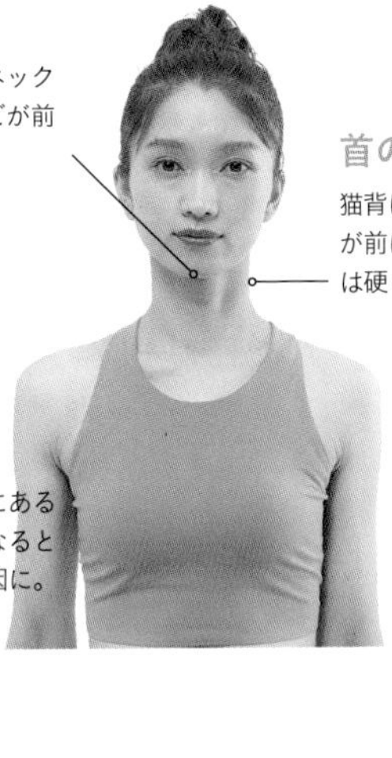

あご
ストレートネックになるとあごが前に出がちに。

首の横の筋肉
猫背によって、首が前に出やすい人は硬くなりがち。

胸椎
脊椎の中央にある部分。硬くなると首コリの原因に。

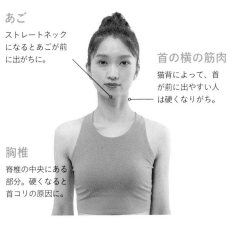

首をしっかり伸ばす
首の横の筋肉をストレッチ

首の横は家事やデスクワークでうつむきがちだと、硬くなり、肩が上がり、フェイスラインがすっきり見えなくなります。鎖骨を軽く下に下げるイメージで首を伸ばすと気持ちよくストレッチできます。

合計 1分

左右 1回 ずつ

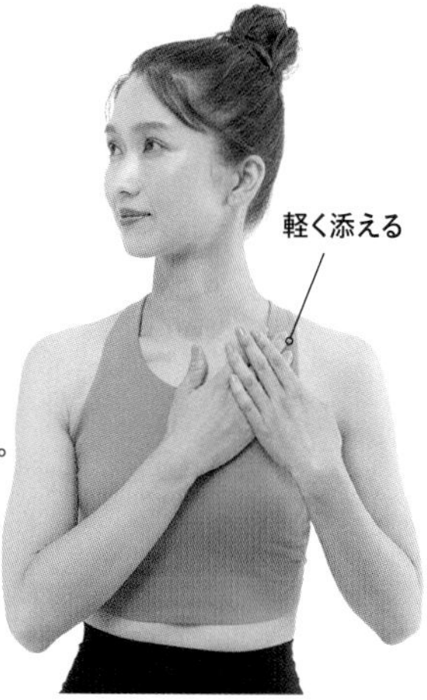
軽く添える
背すじを伸ばして
姿勢よく

STEP 1 鎖骨に両手を添える

座った状態で左側の鎖骨に両手を添えます。

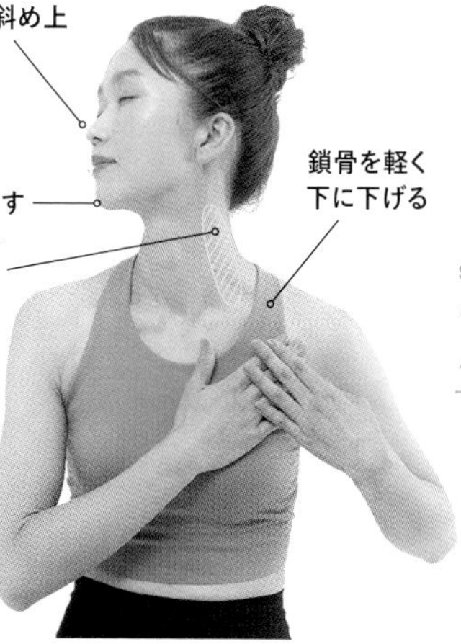
顔は斜め上
あごを突き出す
首の横が
伸びる
鎖骨を軽く
下に下げる

STEP 2 鎖骨を押さえながら、首を伸ばす

鎖骨を軽く下に下げるように両手で押さえて、首を伸ばします。あごを突き出すようにすると伸びやすいです。30秒キープして反対側も同様に。

胸が開きやすくなる

胸椎ストレッチ

猫背によって丸まってしまう胸椎をストレッチ。
しっかり伸ばすことで、胸が開きやすくなり、猫背が改善します。
仕事や家事の合間に行うとリラックス効果も期待できます。

30秒　1回

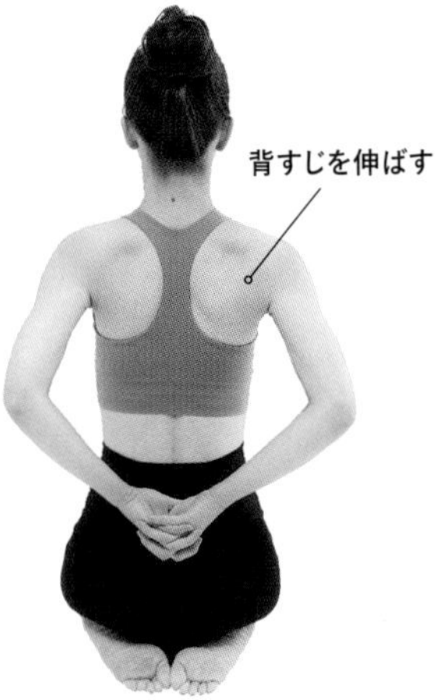
背すじを伸ばす

STEP 1 正座をして、後ろで手を組む

背すじを伸ばして正座の状態になり、後ろで手を組みます。手は腰の辺りに置きます。

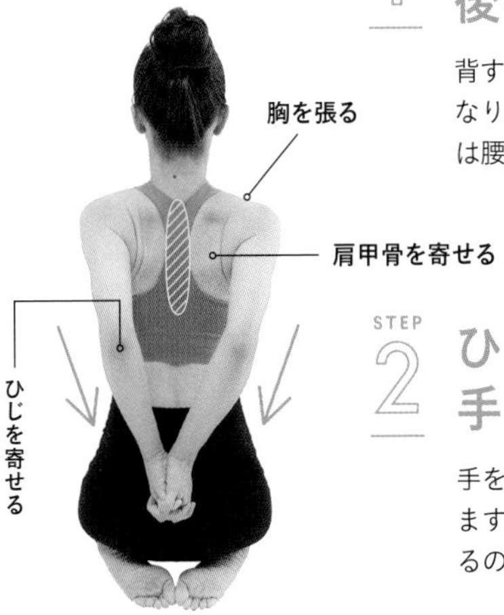
胸を張る
肩甲骨を寄せる
ひじを寄せる

STEP 2 ひじを寄せて手を下に下げる

手を下に下げていき、胸を張ります。肩甲骨が自然と寄っているのを意識しましょう。

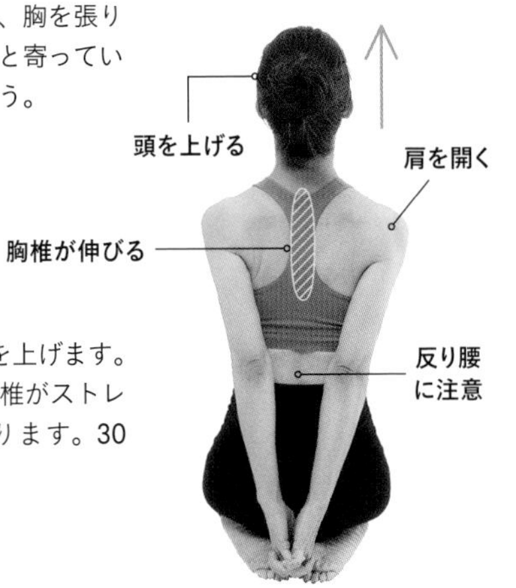
頭を上げる
肩を開く
胸椎が伸びる
反り腰
に注意

STEP 3 上を向く

2の状態のまま、頭を上げます。頭を上げることで胸椎がストレッチされやすくなります。30秒キープして。

erica's advice

上半身がすっきり伸びます。
家事の合間に
やるのがおすすめ!

erica's advice

胸椎ストレッチと
一緒にやることで
効果がアップします。

首が出てしまうクセを防止

あごプッシュ

首やあごが出てしまうと二重あごやフェイスラインのたるみにつながってしまいます。意識してあごを引くようにして、顔や首周りをすっきり見せましょう。

5秒キープ
×
10回

STEP 1

あごに人差し指を置く

座った状態で行って OK。あごに人差し指を軽く置きます。

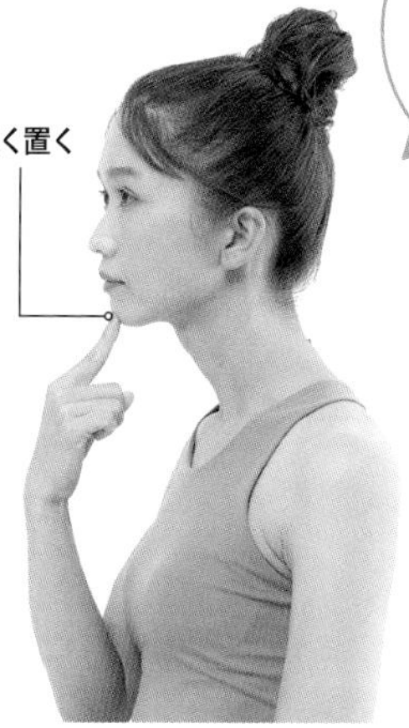
軽く置く

PUSH!
背すじも
同時に伸ばす
背すじを
伸ばす
フェイスラインがすっきり

STEP 2

指でプッシュ

指でプッシュしてあごを引きます。あごを動かすと同時に背すじが伸びるのがポイント。あごを引いたときにお腹が出ないようにしましょう。5 秒ほどキープし、10 回行います。

背中から動かして日々、腕を使えるようにする

たぷたぷ二の腕

STEP 2のエクササイズにあったように、背中の筋肉も
二の腕の引き締めの重要なポイントに。背中のトレーニングを通して肩を開き、
日常生活で自然と二の腕が使われるようにしましょう。

(NG!)

**巻き肩になっていて
腕が太く見える**

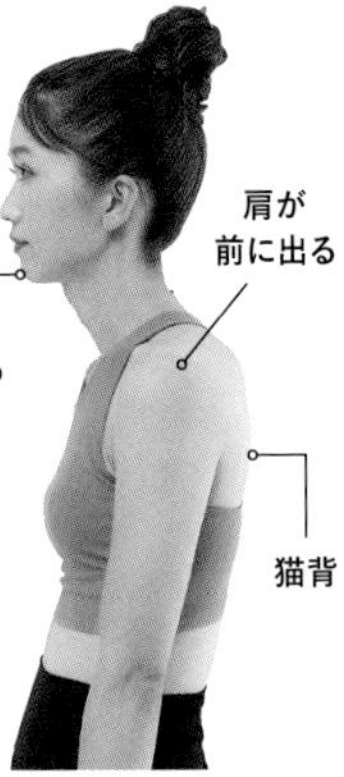
肩が
前に出る
あごが前に出る
猫背

巻き肩の状態。腕の筋肉がうまく使われず、その上に脂肪がつき、たるみの原因に。

／ 二の腕のたるみ解消ポイント ／

☑ 背中を鍛えて巻き肩を改善する

二の腕がたるむ原因の１つが巻き肩。肩が前に出てしまい、背中の筋肉が使われにくくなっています。背中のトレーニングで肩を引くようにしましょう。

☑ 縮まりやすい腕の内側を伸ばす

赤ちゃんを抱っこしたり、重い荷物を運んだりして、腕の内側は縮こまっています。二の腕は鍛えすぎると太くなってしまうので、まずはしっかり伸ばすことがポイント。

(OK!)

**肩が正しい
位置になりすっきり**

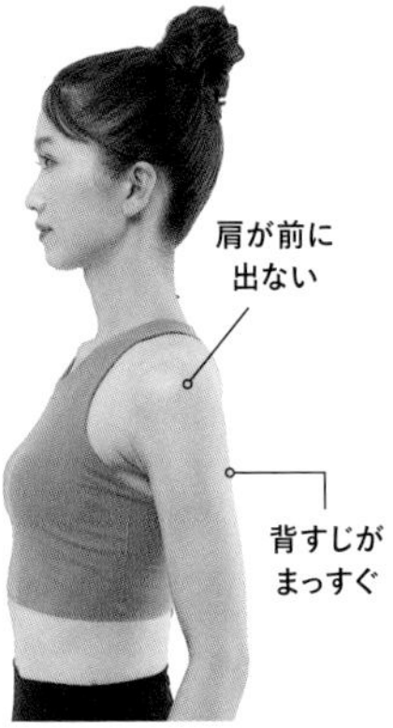
肩が前に
出ない
背すじが
まっすぐ

姿勢に注意するだけで、腕が細く見えます。肩や腕も動かしやすい状態になります。

／ ストレッチするのはココ！ ／

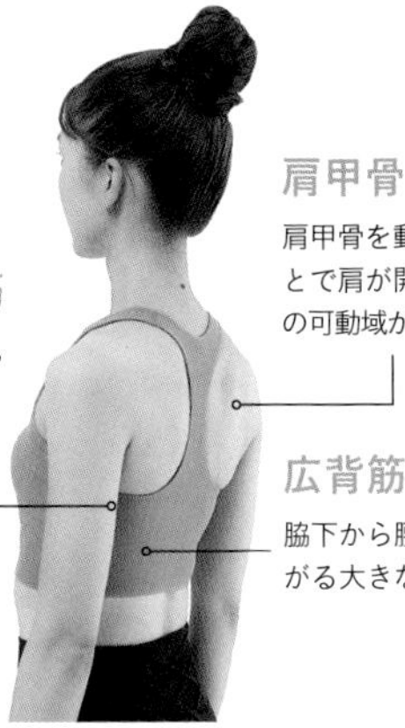
上腕二頭筋
腕の内側の筋肉。
肩甲骨
肩甲骨を動かすことで肩が開き、腕の可動域が広がる。
広背筋
脇下から腰まで広がる大きな筋肉。

背中の柔軟性を高める

背中トレーニング

日々、二の腕が使われやすくするためには、
背中や肩周りの柔軟性が必要です。肩甲骨を動かして背すじを伸ばして、
背中の筋肉全体が使われるのを意識しましょう。

30秒　10回

STEP 1

うつ伏せになる

うつ伏せになり、両手は前に伸ばし、足指を床につけます。

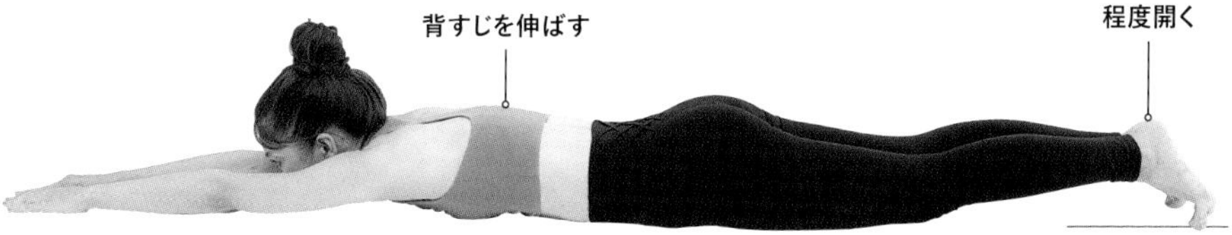
背すじを伸ばす
足はこぶし1つ分
程度開く

erica's advice

腰痛の人は無理をしないように。足を軽く上げる程度でOK!

STEP 2

ひじを曲げて上体を起こす

息を吸って吐きながらひじを曲げて上体を起こし、足も床から1cmほど上げます。上体と足は常に浮かしておきます。ひじを曲げたとき背中が使われている意識で行いましょう。10回繰り返します。

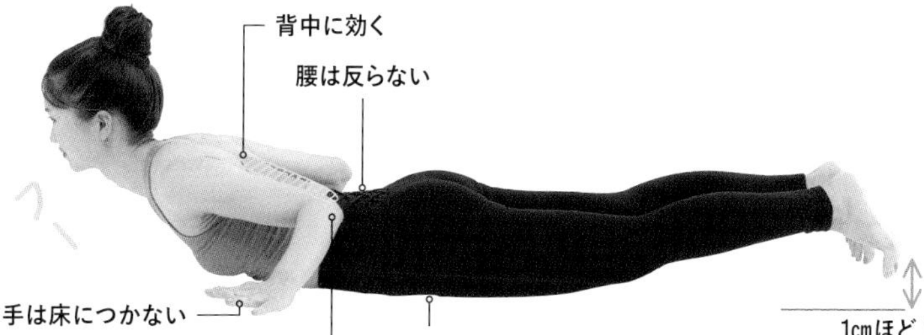
背中に効く
腰は反らない
手は床につかない
恥骨を床につける
ひじをウエストに引き寄せる
1cmほど上げる

広背筋に効かせる

背中ひねりエクササイズ

腰から脇の下にかけて広がる広背筋は姿勢が悪いと
硬くなりがちに。肩を開きながら広背筋を動かすことで、
巻き肩や猫背改善になり、二の腕が使われやすい状態になります。

合計 50秒

5秒キープ × 5回

STEP 1

正座する

正座をして、胸の前で手を交差させます。

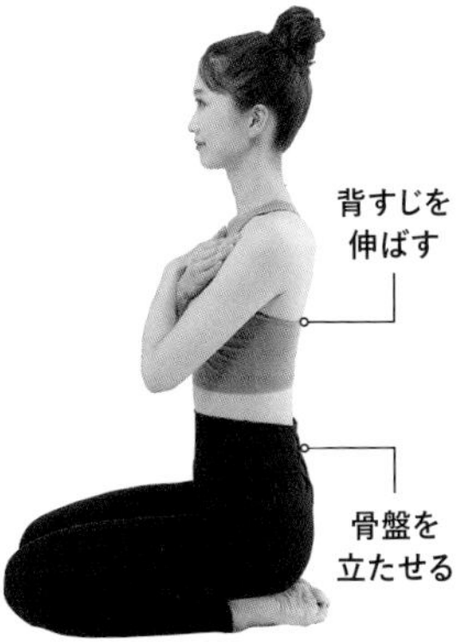
背すじを
伸ばす
骨盤を
立たせる

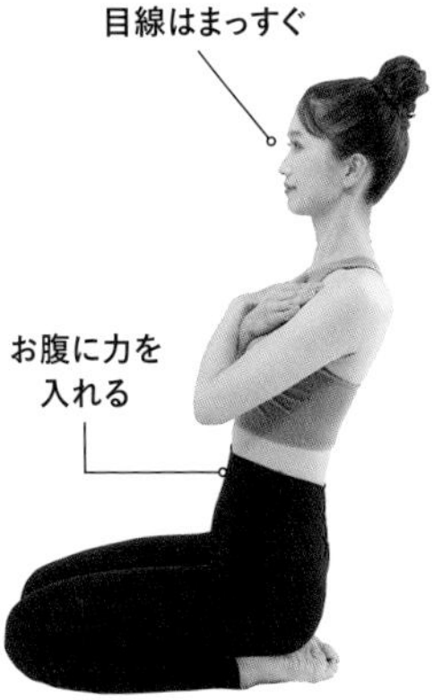
目線はまっすぐ
お腹に力を
入れる

STEP 2

上体を軽く後ろに倒す

1の状態から、上体を軽く後ろに倒します。

STEP 3

左に体をひねり、左の小指で床にタッチ

息を吐いて、左に体をひねり、左の小指を右のお尻の後ろにタッチ。5秒キープして5回繰り返します。反対側も同様に。

肩が開きやすくなる
ひざが
浮かないように
広背筋
に効く
腰は
反らない
右のお尻の後ろを
小指でタッチ

腕の内側を伸ばす

上腕二頭筋エクササイズ

背中のエクササイズをしたら、いよいよ腕の筋肉にアプローチ。
抱っこや荷物を持つことで、二の腕の内側が縮こまりやすいので、
伸ばして筋肉を緩めることがポイントです。

20秒 20回

背すじを
伸ばす
親指は下
骨盤を立たせる

STEP 1

座った状態で両手を広げる

姿勢よく座って両手の親指を下にして床と平行に広げます。高さは肩の位置くらいが目安です。

肩より後ろで
リズミカルに
バウンド
頭の位置は動かさない
腰は反らない
上腕二頭筋に効く

erica's advice

二の腕は普段の動きで
使われやすい状態を作る
ことが大切です！

STEP 2

両手を後ろに引く

肩甲骨を寄せ、両手を後ろに引いてバウンドするように20回動かします。

お腹のインナーマッスルを鍛える

ウエストのくびれ

産後、ウエストのくびれが戻らない、ぽっこりお腹になってしまう……
と悩みが尽きないお腹周りは、お腹のインナーマッスルである
腹横筋や横隔膜にアプローチするエクササイズを中心に行いましょう。

(NG!)

**くびれがない
ウエスト周り**

肋骨と骨盤の間がつぶれてしまい、寸胴な体形に。猫背や反り腰もお腹周りが引き締まらない原因になります。

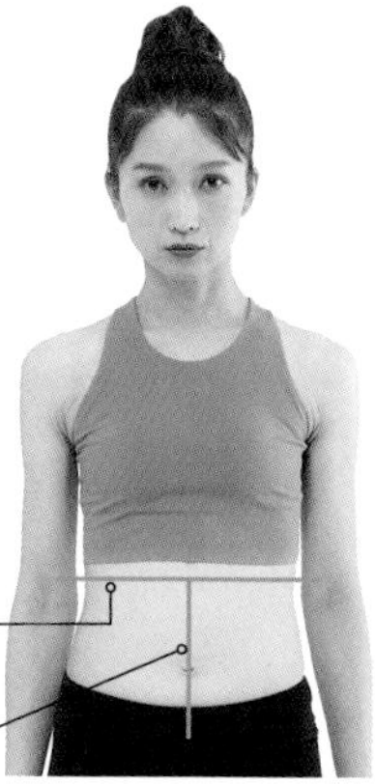
肋骨が
開いている
お腹のインナー
マッスルが使えていない

(OK!)

**くびれた
ウエスト周り**

肋骨が閉じた状態になり、内臓が本来あるべき位置に戻るため、自然とお腹が引き上がります。

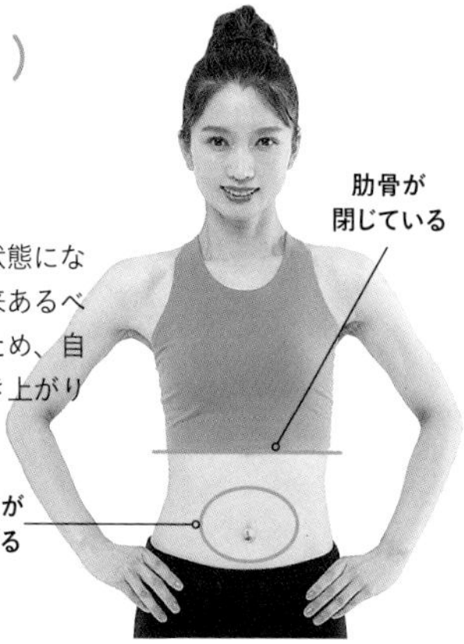
肋骨が
閉じている
お腹全体が
引き上がる

／ ウエストのくびれを作るポイント ／

☑ お腹のインナーマッスルを使って姿勢を改善

お腹のインナーマッスルがしっかり働くと、お腹が自然と引き締まります。さらに脇腹を伸ばすなどのエクササイズでくびれのスペースを作りましょう。

☑ 肋骨を締めてお腹周りをすっきり見せる

肋骨が開いた状態だとウエスト周りが横に広がって見えます。深い呼吸で肋骨を締めて、横隔膜を動かすことでお腹が引き締まります。

／ ストレッチするのはココ！ ／

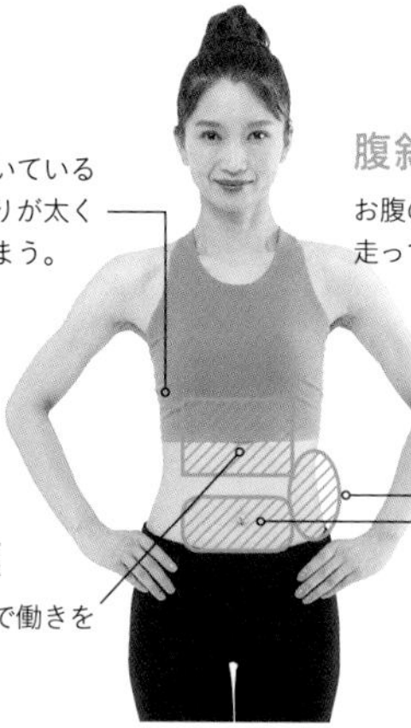

肋骨

肋骨が開いているとお腹周りが太く見えてしまう。

腹斜筋

お腹の前を斜めに走っている筋肉。

横隔膜

深い呼吸で働きを促す。

腹横筋

天然のコルセットとも言われているお腹のインナーマッスル。

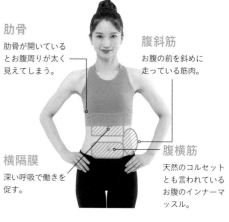

腹斜筋にアプローチ!

体幹回旋ストレッチ

背中を伸ばして体を回旋させることでさらに脇腹がストレッチできて、ウエストのくびれを作ります。背中の引き締めにも有効です。体を大きく動かしましょう。

合計 1分

左右 1回ずつ

目線は斜め下

STEP 1

四つ這いになる

肩の下に手首、足の付け根の下にひざを置くようにします。

お尻は引かない
手のひらを上に向ける

STEP 2

腕をくぐらせる

右腕を左腕の下にくぐらせます。

骨盤を
動かさない
後ろに引く
イメージ
目線は斜め上
腹斜筋に効く

STEP 3

左腕を伸ばす

左腕を伸ばしなるべく後ろに引くようにすると背中や腹斜筋にアプローチできます。30秒キープして反対側も同様に。

脇腹を伸ばす
くびれエクササイズ

猫背や反り腰の人は、お腹の筋肉が
縮こまっていることが多いので、まずはしっかりと伸ばしましょう。
ひねって動かすことで脇腹を伸ばし、くびれを作りやすくします。

合計 1分

左右 1回 ずつ

目線はやや上
腹斜筋に効く
脇腹の伸びを感じる
下半身はしっかり体を支える
目線は落とさない
下半身はそのまま
手首を持つ
背すじを伸ばす

STEP 1
足をクロスさせる

右足を前にして足をクロスさせて、左手で右手首を持ち、伸ばします。

STEP 2
上半身のみ右に向く

息を吸って上半身のみ、ひねるように右に向けます。

STEP 3
上半身を倒す

息を吐いて左に上半身を倒します。脇腹の伸びを意識しましょう。30秒キープして反対側も同様に。

横隔膜を動かす

肋骨締め呼吸法

日頃から呼吸が浅めの人におすすめ。深い呼吸をして肋骨や横隔膜を動かすことで、お腹周りがすっきりします。どこでも行いやすいので、子育て中でもトライできます。

1分40秒

10回

STEP 1 立った状態で息を吸う

まず肋骨の位置を確認します。立った状態で鼻から息を3秒かけて吸い、肺を膨らませます。息を吸ったときに肋骨が大きく開くのを感じましょう。

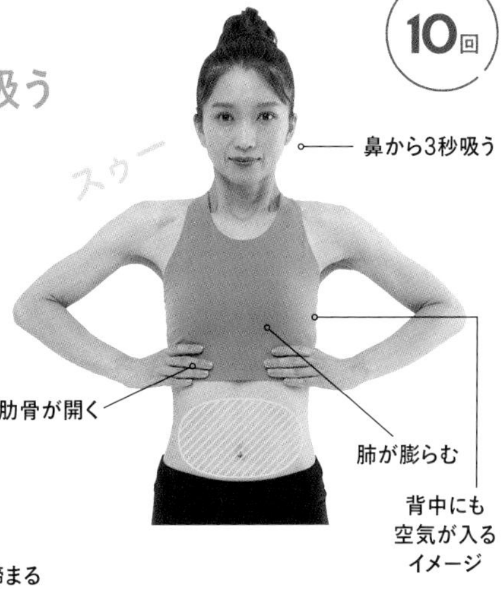
スゥー
鼻から3秒吸う
肋骨が開く
肺が膨らむ
背中にも
空気が入る
イメージ

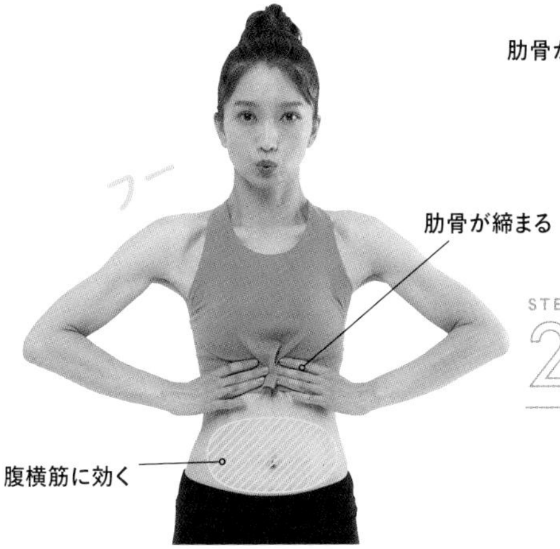
フー
肋骨が締まる
腹横筋に効く

STEP 2 息を吐く

口から細く長く吐き切れなくなるまで息を吐きます。吐く息で肋骨が締まるのを感じましょう。10回繰り返します。

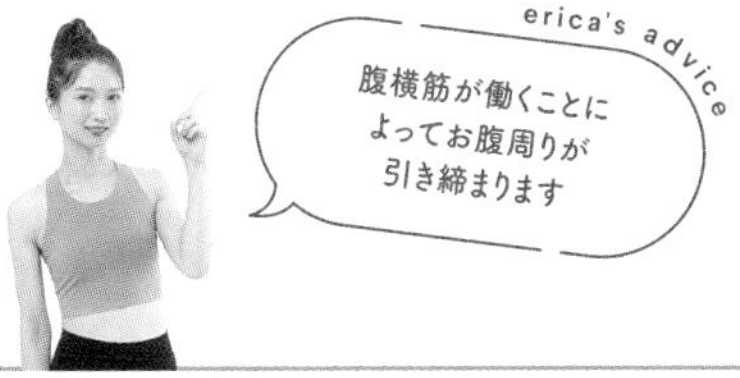
erica's advice
腹横筋が働くことによってお腹周りが引き締まります

骨盤底筋を鍛える

腰の浮き輪肉

下腹が出ている、ウエストラインについたお肉をなんとかしたい人は
内臓を支える骨盤底筋が緩んでいることが多いです。
特に出産後は緩むので呼吸トレーニングで引き上げましょう。

(NG!)

腰の浮き輪肉が目立つ!

骨盤底筋の緩みで骨盤が前傾したり後傾したりしていると、下腹が出た状態に。

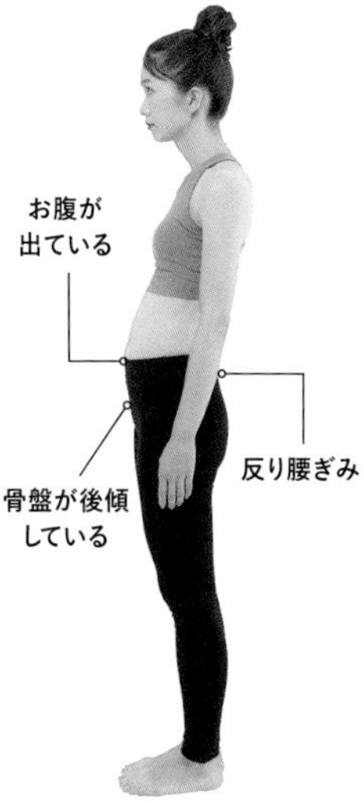

お腹が
出ている
反り腰ぎみ
骨盤が後傾
している

／ 腰の浮き輪肉の解消ポイント ／

☑ 呼吸で肋骨を締めて お腹全体を引き上げる

骨盤底筋が緩むと内臓が下がってきて、お腹が出てしまう原因になります。呼吸で引き上げるようにして、お腹全体をすっきりさせましょう。

☑ 骨盤底筋を引き上げる エクササイズを続ける

産後は骨盤底筋が緩みやすいので、意識的に引き上げるエクササイズを取り入れましょう。毎日続けることで、骨盤底筋への力の入れ方がわかるようになります。

(OK!)

腰周りがすっきり!

骨盤が正しい位置になり、背中、腰が安定した状態なら、お腹も出にくくなりすっきり。

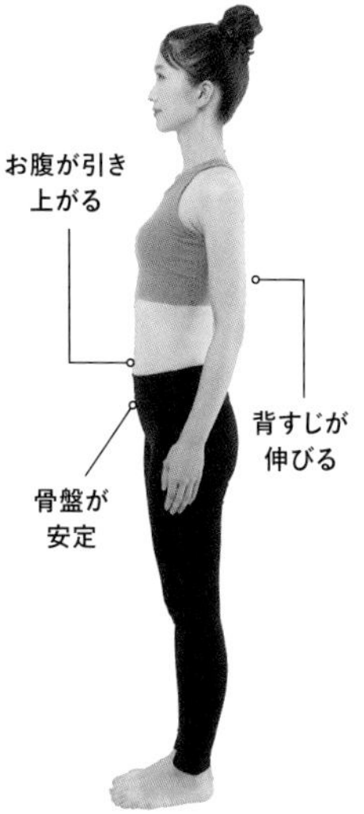

お腹が引き
上がる
背すじが
伸びる
骨盤が
安定

／ ストレッチするのはココ! ／

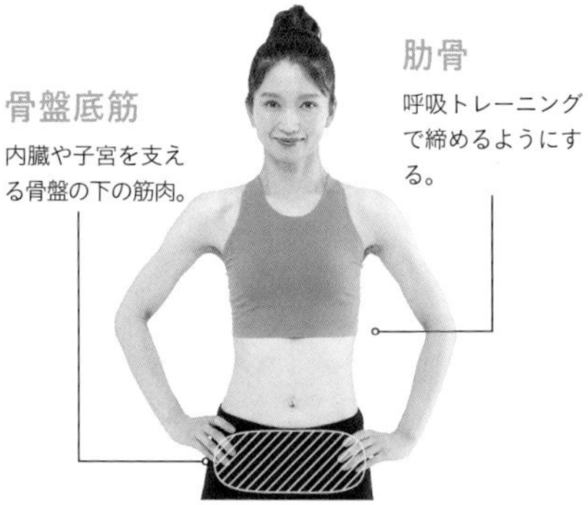

骨盤底筋
内臓や子宮を支える骨盤の下の筋肉。
肋骨
呼吸トレーニングで締めるようにする。

内臓を全体的に引き上げる

引き上げ呼吸法

肋骨を締めながら、骨盤底筋も意識して動かすようにします。
吐く息でお尻の穴を締めて肋骨も一緒に締める意識で行いましょう。
同時にどちらもできるので時間がない人にもおすすめです。

50秒

5回

STEP 1

仰向けになり、足裏を合わせる

仰向けになり、足裏を合わせて股関節を開きます。鼻から息を吸って体全体を膨らませ、肋骨を広げます。

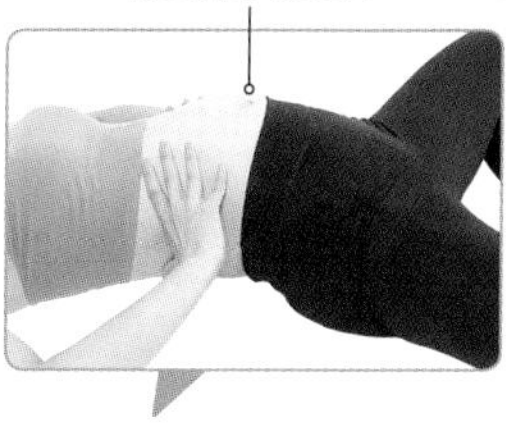
体全体が膨らむ

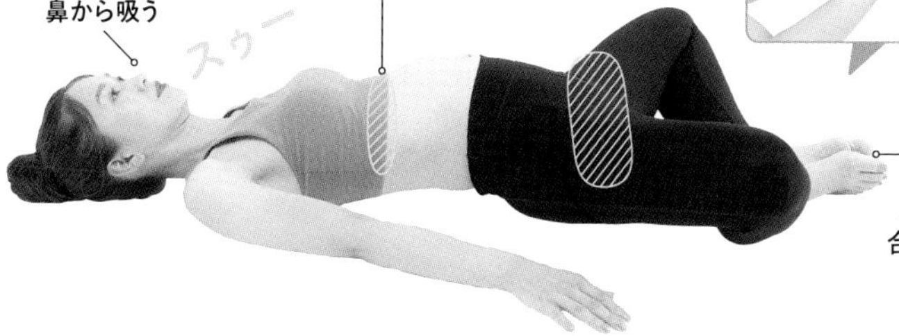
肋骨を広げる
鼻から吸う
スゥー
足裏を
合わせる

STEP 2

息を吐き、お尻の穴を締める

口から息を細く長く吐き切り、お尻の穴を軽く締め、肋骨を締めます。5回繰り返します。

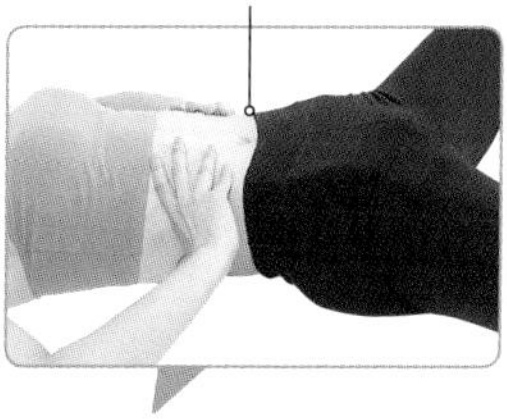
お腹を凹ます

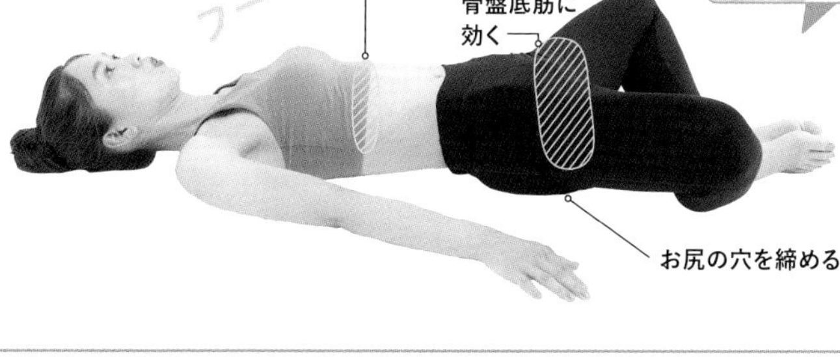
肋骨を締める
フー
骨盤底筋に
効く
お尻の穴を締める

骨盤底筋トレーニング

タオルつかみエクササイズ

お尻の下にタオルを敷くことによって、骨盤底筋を鍛えるコツがつかみやすくなります。座ってできるので、ゆっくり挑戦してみましょう。

5回

50秒

STEP 1 タオルを敷いてあぐらの姿勢になる

お尻の下にタオルを敷いて、あぐらの状態で座ります。息を吸って、お尻でタオルを圧迫します。

スゥー
骨盤は立てる
お尻で
タオルを圧迫
タオルを敷く
手はひざの上に

フー
骨盤底筋に
効く
タオルをつかむ
イメージ
お尻の穴を締める

STEP 2 息を吐く

息を吐いて、お尻、もしくは膣でタオルを優しくつかむイメージで引き上げます。実際につかむことはできないのでイメージでOK。5回繰り返します。

erica's advice

口から息を吐くときは細く長く吐き切るのがポイントです

立ってできる!　骨盤底筋にアプローチ

立ち姿勢で引き上げエクササイズ

立っている状態でもできる骨盤底筋の引き上げエクササイズです。
ちょっとしたすき間時間にトライしてみましょう。内もものトレーニングにもなります。

50秒　5回

erica's advice

骨盤底筋を鍛えることで、
尿漏れや頻尿の改善、
予防にもなります

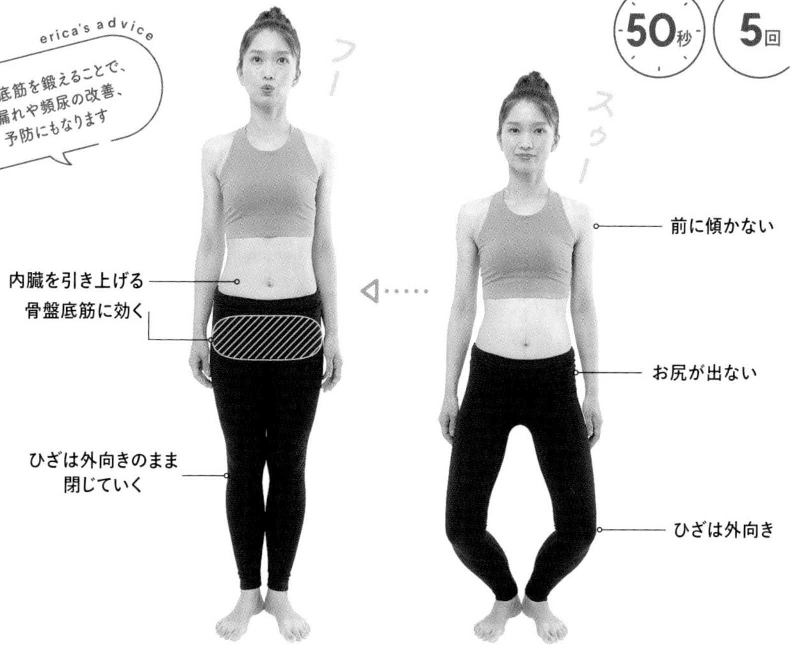
フー
内臓を引き上げる
骨盤底筋に効く
ひざは外向きのまま
閉じていく
スゥー
前に傾かない
お尻が出ない
ひざは外向き

STEP 1 ひざを曲げる

つま先は軽く開いて、息を吸ってひざを曲げ、ひざは外向きになるようにします。

STEP 2 息を吐きながらひざを閉じる

息を細く長く吐きながら、ひざを閉じます。内臓を引き上げるイメージで行いましょう。5回繰り返します。

裏ももとお尻の筋肉を鍛える

お尻のたるみ

デスクワークや家事で座っていることが多いと、お尻が
どんどん硬くなってしまいます。
ストレッチでほぐしてから、お尻の筋肉のエクササイズをしましょう。

(NG!)

**骨盤が後傾し
垂れ尻に**

お尻や裏ももが使われにくい状態になり、どんどん硬くなってしまいます。

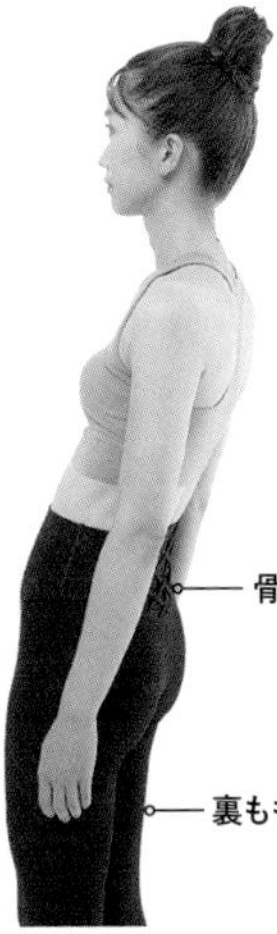

骨盤が後傾
裏ももが硬い

(OK!)

**骨盤が立ち
ヒップアップ!**

骨盤を立たせて、きちんと姿勢が保持できれば、美尻に。ヒップアップしたいなら、さらにエクササイズを。

骨盤が立つ
垂れ下がらない

／ お尻のたるみ解消ポイント ／

☑ 裏ももをほぐしてお尻が引っ張られないようにする

お尻のたるみは、裏ももの筋肉が関係しています。裏ももが硬くなるとお尻が下に引っ張られてしまい、余計にたるんでしまうんです。

☑ 大殿筋に効かせるエクササイズでヒップアップ

お尻の筋肉の大殿筋にアプローチします。ストレッチで伸ばして、エクササイズで引き締めるようにしましょう。

／ ストレッチするのはココ! ／

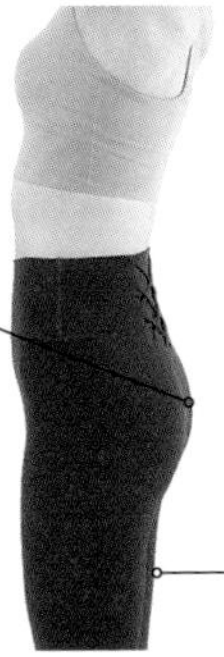

大殿筋

臀部の表層にある大きな筋肉。腰を安定し保持する役目がある。

裏もも

女性は前ももを過剰に使っている人が多く、逆に裏ももが使われにくい状態に。

運動前後におすすめ

裏ももストレッチ

裏ももを伸ばすことで、お尻の筋肉が動かしやすくなります。
また、腰やひざへの負担を軽減できるので腰痛改善にもおすすめです。
無理のない範囲で伸ばしましょう。

合計 2分

左右 1回ずつ

STEP 1 左足を伸ばして、右足は曲げて座る

左足を伸ばしてつま先を天井に向けます。右足はひざを曲げて座り股関節を外旋させます。

股関節は
外旋させる
ひざは
軽く曲げる
背すじを
伸ばす

斜め上に引っ張られる
ような気持ちで
前に倒しすぎ
なくてOK
おへそを太ももにつけるイメージで
裏ももに効く

STEP 2 上半身を倒す

おへそを太ももにつけるイメージで上半身を倒します。1分キープしたら反対側も同様に。

erica's advice

足の疲れが取れやすくなります

デスクワークでつぶれたお尻を伸ばす

お尻ストレッチ

長時間座って作業しているとお尻がつぶれて硬くなり、垂れ尻だけでなく、冷えやむくみの原因になります。腰からお尻まで伸ばしてお尻の筋肉をほぐしましょう。

合計2分

左右1回ずつ

STEP 1 あぐらになり、左足を前に出す

あぐらの姿勢になり、左足を15～20㎝ほど前に出します。手はひざの上に置きます。

背すじを伸ばす
10～15㎝ほど前に出す
間隔を開けるほど、しっかりストレッチできます。

SIDE
背すじは曲がらない
お尻が伸びる
お尻に効く

おへそから前に倒す
手の位置は調整してOK

STEP 2 手を前に伸ばして上半身を倒す

手を前に伸ばして、おへそから前に倒します。前に出した足のほうのお尻が伸び、痛気持ちいい程度に伸ばすのがポイント。1分キープして反対側も同様に。

erica's advice

お尻の筋肉の伸びを感じましょう。冷え性の人にもおすすめです

大殿筋を動かしてヒップアップ!

小尻エクササイズ

腰が反らないようにお腹に力を入れて行うエクササイズなので、
お腹の引き締めやヒップアップ効果が期待できます。
大殿筋に刺激を与えることで裏ももとお尻の境目を作ります。

合計 2分

左右 15回 ずつ

erica's advice

裏ももにも効きます!
骨盤が傾きやすいので
安定させて行いましょう!

腰が反らない
足はまっすぐ
お腹に
力を入れる

STEP 1

四つ這いになり、右足を伸ばす

四つ這いの姿勢から、右足を伸ばします。腰が反らないようにお腹に力を入れます。

かかとから上げる
大殿筋に効く

STEP 2

右足を上げる

右足をかかとから上に上げます。足のつけ根から動かすようにして、反動で上げないようにしましょう。15回繰り返して反対側も同様に。

股関節の硬さを改善する

どっしり下半身

足痩せ＝スクワットなど激しい筋トレをしなくちゃ、と思うかもしれませんが、
不要な筋肉がつきすぎてさらに足が太くなってしまうことも。
足痩せの近道になるストレッチ＆すべき筋トレだけ教えます！

(NG!)

股関節が
内旋していて内股に

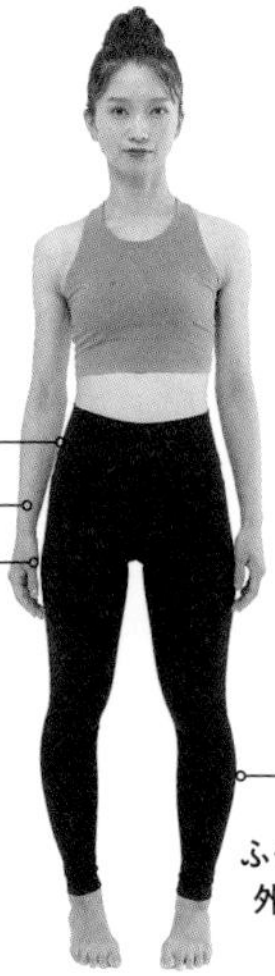

骨盤が前傾
股関節が内旋
外ももが張る
ふくらはぎが
外側を向く

股関節が硬いと内旋しがちになり、横ももが張り、ふくらはぎも外側に張り出してきます。

(OK!)

美脚に見える!

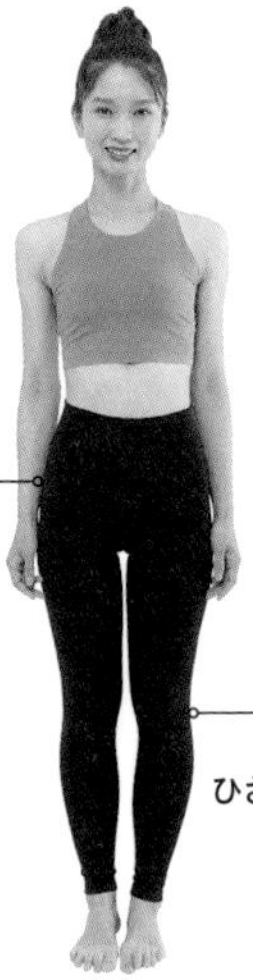

骨盤が安定
ひざが正面

股関節が正しい状態にリセットされることで足のラインがまっすぐになり、すっきり！

／ どっしり下半身の解消ポイント ／

☑ 骨盤の動きを安定させる腸腰筋にアプローチ

上半身と下半身をつなぐ腸腰筋は、骨盤が歪むと縮んだ状態になり、本来の動きができません。ストレッチしてほぐすことで骨盤が安定し、正しい姿勢をキープしやすくなります。

☑ 股関節を伸ばして可動域をアップ

デスクワークなどで長時間同じ姿勢でいると股関節が硬くなり、可動域が狭くなって下半身がスムーズに動かせません。股関節をストレッチしてほぐしましょう。

／ エクササイズするのはココ！ ／

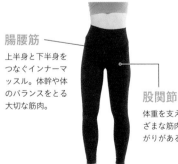

腸腰筋
上半身と下半身をつなぐインナーマッスル。体幹や体のバランスをとる大切な筋肉。
股関節
体重を支え、さまざまな筋肉とつながりがある部位。

寝る前に行ってもOK!

美脚のための股関節ストレッチ

寝転んで行うことができるのでリラックスタイムにもおすすめです。
股関節を伸ばすことで、可動域が広がり、
下半身太りを改善します。初心者でも行いやすいストレッチです。

1分　1回

足裏をつかむ
つま先は外側

STEP 1 仰向けになり、内側から足裏をつかむ

仰向けになって、足を上げ、内側から足裏をつかみます。ひざとつま先は外側に向けて曲げます。

股関節に効く
下に引く
お尻が浮きすぎないように

STEP 2 足を下に引く

足裏をつかんだ手で足を下に引きます。股関節の伸びを感じましょう。1分間キープします。

股関節を柔軟にする

カエル足ストレッチ

股関節の前側を伸ばしていきます。
股関節や鼠径部は老廃物が溜まりやすいので、
しっかりストレッチすることで冷え性やむくみ改善にも効果的です。

1分　10回

STEP 1

四つ這いの状態から ひざを開く

四つ這いの状態からひざを肩幅よりも少し広めに開き、つま先は外側に向けます。

お尻を斜め上に突き出す
肩幅より
広めに開く
ひざの延長線上に足首
つま先は外側

お尻は斜め上に
突き出したまま
後ろに引く
股関節に効く

STEP 2

お尻を引く

息を吐きながらお尻を後ろに引き、痛気持ちいいところでキープ。息を吸ってお尻を前に戻します。10回繰り返します。

erica's advice
体が硬い人は痛いので、
はじめは無理せず
回数も少なめでOKです。

骨盤の歪みを改善

腸腰筋ストレッチ

上半身と下半身をつなぐ役割の腸腰筋は、座り姿勢が長いと縮こまってしまい、骨盤の歪みや姿勢の崩れにつながります。伸ばす動きをすることで、歩くときに足がスムーズに動きます。

合計 2分

左右 1回 ずつ

STEP 1 立てひざの姿勢から右足を伸ばす

立てひざの姿勢になり、右足を前に出して、背すじを伸ばします。

背すじを伸ばす

STEP 2 右ひざを曲げる

伸ばしていた右ひざを曲げます。ひざの下に足首がくるようになるのがポイント。両手を右ひざの上に置き、重心を前にかけます。

腰は反らない
お尻を前に押し出すイメージ
ひざ下に足首

STEP 3 左手を伸ばす

左手を上に上げて脇腹を伸ばします。1分キープしたら反対側も同様に。

erica's advice

腕を上げることで腹斜筋も同時に伸ばせます

目線は斜め上
脇腹が伸びる
腸腰筋が伸びる

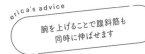

モチベーションの保ち方、
朝のルーティン、
ストレス発散方法etc.

教えて！ ericaさん！
何でもQ&A

子育てで忙しいのに
いつストレッチしているの？
体が変わると気持ちの変化はある？
などフォロワーさんから多かった質問を
ピックアップ！　姿勢改善についての
素朴な疑問から気になるericaさんの
ルーティンまで紹介します！

Q1

モチベーションの保ち方、やる気の出し方を教えてほしい！

A. メリハリが大切！

毎日全身鏡で体形をチェックするのも有効！

モチベーションが**下がったときこそ休むことも大切**だと思って、何もしない日を作ります。特に生理前や生理1日目はそんな日が多いです。こんなときはお風呂でゆっくり温まって、とにかくたくさん寝ます。

体に少しでも変化が見えるとやる気につながるので、**少しの変化も見逃さないように毎日全身鏡で姿勢や体形を観察します**。これが本当に大事！　少しでも変化を見つけるともっと変わりたいと思えるし、逆に、ちょっと太ったかも？というときもすぐに気づけますよ。

Q 2 ストレッチやエクササイズは1日の中でいつしていますか？どれぐらい時間をかけていますか？

A. 夕飯の準備前に30分行うことが多いです！

キッチンで二の腕ストレッチ

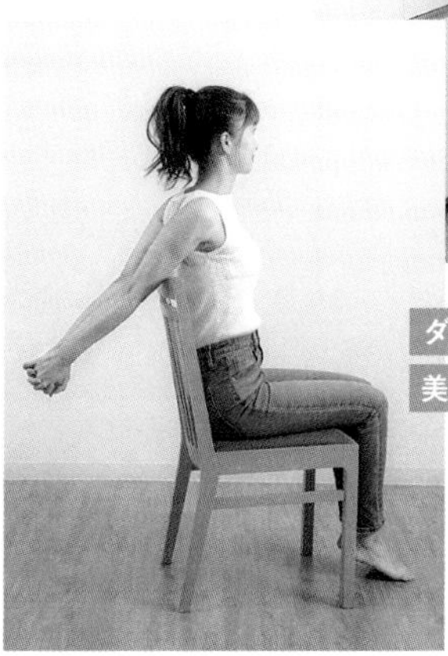

ダイニングで美背中ストレッチ

この時間とは決めていませんが、**夕方や夕飯の準備前に30分ほど自分のYouTubeからメニューを決めて運動**することが多いです。子どもたちはその間、宿題をしていたり、おもちゃで遊んだりしています。夕方にできなかったときは子どもたちが寝てからすることもありますね。キッチンや洗面所に立っているときも、『ながら』でできることをするようにしています！

Q 3 いったんサイズダウンしたのに、なかなか次の段階にいかない停滞期の乗り切り方を教えて！

A. 停滞期はあるもの！エクササイズのメニューを少し変えてみましょう！

体重がスルスルと落ちた後は必ずと言っていいほど停滞期があります。モヤモヤとしてしまいますが、変化していく体をしっかりと定着させていくためには必要な期間なので、**ゆったりとした気持ちで過ごすことが大切**です。体重が減らないからといって食事量を極端に減らしたり、無理な運動をしたりするのは逆効果。栄養が不足することによって、筋肉が落ち代謝の悪い体になってしまうことも。エクササイズのメニューを少し変えてみるのもおすすめです。

Q＼4 ericaさんの朝＆夜ルーティンが知りたい！

A. ながらストレッチをして、時間を有効に使っています！

朝は時間との闘いなので、『ながら』でできるストレッチをして体をほぐします。夜は、バスタイムでリフレッシュ！　足指を動かして筋肉をほぐしたり、むくみを取ったりしています。

NIGHT

夜は日中に使った下半身を中心にほぐします。むくみやすいので、ふくらはぎや股関節のストレッチを念入りに行っています。

21:30 子どもが寝た後、お風呂に浸かりながら足指体操

足指の筋肉は硬くなりやすいので、意識的に動かしています。

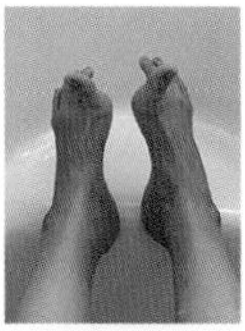

21:50 ドライヤーしながら足裏マッサージ

ボールを転がして、足裏をほぐします。

22:10 お布団で足裏、ふくらはぎマッサージと股関節ストレッチ

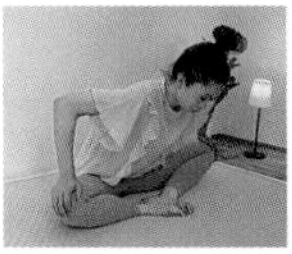

22:30 Instagramなどを更新

22:50 軽くストレッチと壁に足をかけてむくみを取ります

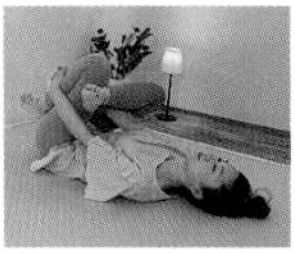

23:00 就寝

MORNING

朝は子どもたちが起きるまでが勝負！　バタバタしながらも、朝食を作りながらメイクしながら、できるストレッチを取り入れるようにしています。

6:30 起床

洗顔、歯磨きをする

6:40 プロテインとナッツで栄養補給

血糖値の急上昇を防ぐため、プロテインとナッツを食べるようにしています。

6:45 朝食を作りながらキッチンで軽くストレッチ

寝ている間に硬くなった背中をほぐすストレッチをします。

7:00 メイクしながらブロックを挟んで、内ももエクササイズ

7:10 子どもたちを起こす

7:15 子どもたちと一緒に朝食

Q5 体重は毎日量っていますか？ またどのタイミングですか？

A. 気になったときに量っています！

体重は、毎日量っていません。『今の体重どのくらいかな？』と気になったときに量っています。量るときは服を脱いだ状態がいいのでお風呂に入る前に量ります。体重計は毎日のらないですが、**全身鏡で姿勢のチェックや体形のチェックは毎日必ずしています。**

Q6 痩せたいのにお菓子がやめられません。どうしたらよいですか？

A. プロテインで代用しています

私も昔からお菓子依存だったのでお気持ちはわかります。私が脱出できたきっかけはプロテインです。**間食にお菓子が食べたくなったらとりあえずプロテインを飲む**。最近のプロテインはチョコレートドリンクのように美味しく飲めるので、甘いものへの欲求が自然と減っていきました。プロテインを飲んでもやっぱり食べたい！というときは少しならOKとルールを決めていました。

Q7 食事制限ができません。長続きするコツはありますか？

A. 〝制限〟より〝改善〟！ 栄養不足にならないようにしています

私は食事を制限するのではなく、改善することが大切だと思っています。もちろん過剰に食べすぎている場合は量を減らすことが必要ですが、**栄養をしっかり摂って、必要のないものを極力減らすように心がけています。**1日に必要な栄養素で体が満たされていると、自然と『無駄食い』や『ドカ食い』をやめることができました。

Q8 体が変わって旦那さんの態度や気持ちの変化はありましたか？

A. 年齢を重ねることへの怖さがなくなりました！

自分に自信が持てるようになって、いろんなことにチャレンジできるようになりました。以前は、年齢を重ねることにとても悲観的で、『このまま老けていくんだ』『もうおしゃれもメイクも楽しめない』と落ち込むこともありました。**体が変わり、気持ちも明るくなって、**『やりたいことに挑戦したい』『何歳になっても自分の好きな服やメイクを楽しみたい』と思えるようになりました。主人も体や心の変化に気づいてくれて、『本当に変わったね』と言ってくれます。主人はもともと体作りが趣味なので、**共通の話題ができ夫婦の会話が増えました。**

Q9 ericaさんのトレーニングウェアのコーデが知りたい！

A. 好きな色を着て、トレーニングのテンションをアップ！

お気に入りの色を着るだけでも気分が上がるので、**トップスはパーソナルカラーを意識して選んでいます**。私は、カラー診断だとイエベ春なので、淡いピンクや白を選ぶことが多いです。スパッツは、股上の浅いものは足が短く見えるのでハイライズのものが好きです。おへその上まですっぽり隠れていると落ち着きます（笑）。

使いやすさがお気に入り

丈感が短すぎないので着やすいのと、肩のラインがきれいに見えるので気に入っています。

小花柄で気分を変えて

気分を変えたいときにぴったり。落ち着いた色合いなのでアラフォーの私でも抵抗なく使えます。

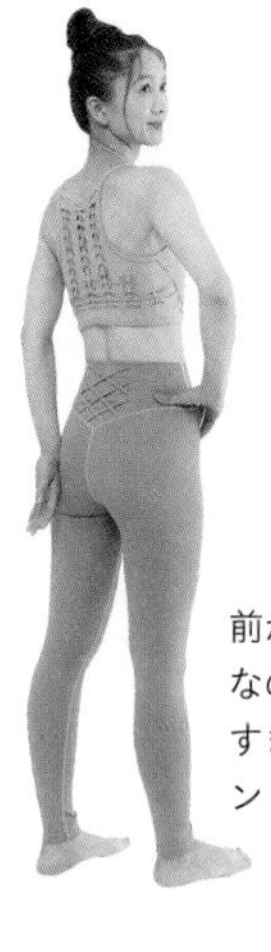

背中のデザインがポイント

前から見るとシンプルなので可愛らしくなりすぎないところがポイント。